VALENTÍA EN CIUDAD JUÁREZ

Valentía en Ciudad Juárez

Al lado del muro

Marion Surles
translated by Soraya Rdz Román and Margie González

Love and Literacy

Published by Love and Literacy

ISBN 978-0-578-46294-3

Typesetting services by BOOKOW.COM

Para Betzi

Preface

2018

Ciudad Juárez, México, está a unos metros al otro lado del Río Bravo de la ciudad de El Paso, Texas. Ciudad Juárez tiene maquiladoras modernas, la mayoría de ellas compañías de los Estados Unidos. Estas maquilas atraen en su mayoría a gente del campo y de todo el país desesperada por trabajo y por una vida mejor.La gente construye casas de tarimas de madera, lonas, desperdicios de construcción y basura. Esta historia tiene lugar en una de estas colonias de Ciudad Juárez.

Acknowledgments

Gracias a la familia de Maricela y Pablo que siempre me da la bienvenida a su casa, guarda mis mil cosas, y sirve para la biblioteca de la colonia. Gracias a Soraya Rdz Román por la traducción y a mi amiga valiente Margie Gonzalez por los toques de redacción. Gracias por las oraciones, donaciones, y apoyo de tantas personas y especialmente a Jay Nutt y a mi valiente esposo Ross. Dios les bendiga.

Prologue

Él que recibe a un niño como éste en mi nombre, me está recibiendo a mí. Marcos 9:37

Capítulo 1

CRISTAL

CRISTAL se estiró y rápidamente regresó a su posición original bajo el montón de ropa sucia intentando calentarse. Medio dormida trató de continuar soñando con una cama caliente. Por lo general, soñaba con alguien persiguiéndola así que el sueño de una cama caliente era placentero. A su nariz le llegó el olor de orina el cual le indicaba que su hermanita Fina se había hecho pipí durante la noche. No había olor de humo que le indicara que su mamá no había llegado a dormir la noche anterior.

Cristal tenía ganas de ir al baño, pero no quería levantarse hasta el amanecer. "El sol es la cobija del pobre" se dice. Ella entendía eso de primera mano. Pues nunca había tenido su propia cobija. La puerta se abrió y se cerró con fuerza indicándole que Iván, su hermano mayor regresó del baño. Lo que ella le llamaba baño, no era un baño de verdad, solo era un hueco oscuro en la tierra con una cortina alrededor totalmente desgastada. Algunos vecinos tenían casitas de fibra de vidrio en el hueco del baño, material que el gobierno les regaló. Tristemente ellos no contaban con esa protección porque su mamá nunca los inscribió para recibir esa ayuda al igual como nunca los inscribió a la escuela.

Cristal se levantó sin ganas. Se arropó con dos suéteres sucios y salió rumbo al baño. Al regresar a la casa, agarró un bote de agua del tambo que se situaba fuera de la casa. Por lo menos había pasado la pipa de agua el día anterior cuando ella estaba en casa. Una vez a la semana solían pasar a llenarles el tambo gratis con agua potable. Cristal agarró unos trozos de desperdicios de madera y un poco de papel para encender fuego en la estufa de la casa. Después calentó agua y preparó un poco de café instantáneo con azúcar que ya contenía algunas hormigas. Quedaban solamente tres tortillas que calentó en el comal.

Después de medio comer, le quitó la ropita mojada a Fina y la bañó con un poco del agua caliente. Le buscó otra ropa a su hermanita aunque nunca había ropa limpia. Su mamá nunca lavaba. Solo ponía toda la ropa sucia en una esquina y esperaba que vinieran los misioneros con más donaciones. Mientras Crystal vestía a Fina, el viento soplaba por la ventana que solo la cubría una cortina desgastada y así dejando entrar polvo y tierra por toda la casa.

Aún así tenían suerte. Ya tenían una casa de block, en realidad solo era un cuarto de cuatro por diez metros. Era el mismo tamaño que el jacalito donde vivían antes, en el mismo lugar, pero era más confiable. Cristal recordaba el jacalito hecho de tarima y lona. El invierno pasado había nevado. Cristal nunca había sentido tanto frío como esa vez. Las tarimas y el cartón que encontraron en el basurero formaban las paredes. El techo estaba hecho de lona. De vez en cuando, algún misionero del otro lado de la frontera traía lonas más fuertes para las familias de bajos recursos. La familia de Cristal recibió una lona con algunos anuncios impresos, pues eran lonas recicladas. No goteaban pero todavía pasaban frío.

Lo más espantoso era la escasez de luz. Su terreno estaba lejísimos de un poste de luz. En esos días cuando su papá estaba aún presente él había conectado un cable de más de cien metros de largo al poste de luz y así conectó corriente eléctrica para el jacal. Colgaron una bombilla del techo de lona, y así tenían algo de luz. También tenían un microondas que podían usar si la vecina no usaba mucha luz al mismo tiempo. Pero en una madrugada fría llegó una tormenta de polvo seguida por un aguacero. Todo se cubrió de lodo. En la madrugada de una noche fría, el jacalito se derrumbó, la familia entera escapó corriendo a casa de una vecina. La vecina los dejó entrar, pero solo por una noche. Ella misma tenía seis niños.

Es cuando su papá decidió irse y dejarlas a su suerte. Unos señores les ayudaron a componer las paredes otra vez, pero la luz era otra cosa. Era muy peligroso, dijeron. Entonces Mamá recibió noticias que un grupo de gringos quería construirle una casa de block. Pero, antes que llegara el grupo, en enero, cayó nieve. Por solo unos minutos la colonia estaba limpia, brillante, blanca, pero con mucho frío. Cristal se preguntaba cómo sería bañarse, ponerse ropa limpia, y tener la casa limpia, que todo estuviera limpio como la nieve.

Cristal se rascó su cabeza mientras miraba un piojo caminando por el pelo de su hermanita. Cristal sabía que ella también tenía piojos, pero no había remedio. A nadie les importaba pues nadie las cuidaba. Iván se fue sin despedirse. Cristal tomó la mano de Fina y se pusieron más ropa para intentar calentarse al salir rumbo al enorme tiradero de basura con la esperanza de encontrar algo de metal para vender por unos pesos y poder comprar más tortillas. Eran niñas de ocho y seis años, pero con muchos años más de experiencia en supervivencia.

Capítulo 2

DANIEL

En unas cuantas calles atrás, Daniel se acurrucaba bajo dos cobijas pesadas pateando la cabeza de su hermanito Memo. Memo gruñó, pero se acurrucó también bajo las cobijas al otro lado de la sencilla cama que compartían. Así dormían, la cabeza de uno junto a los pies del otro. Por lo general funcionaba bien así, pero a veces Memo pateaba y gritaba y robaba todas las cobijas. Daniel escuchaba intentando saber si su mamá se levantaba a prender el calentón eléctrico. Su papá regresaría pronto de su turno nocturno en la maquila. Entonces su mamá les prepararía un gran desayuno de huevos con chorizo, tortillas y un vaso de leche o de Chocomilk. Después Daniel siempre hacía su tarea mientras su papá se acostaba a dormir en el cuarto de atrás. Daniel no tenía clases hasta la una de la tarde así que tenía tiempo para quedarse en la cama un rato más.

Daniel casi no recordaba su casa construida de tarimas, el jacal con techo de lona. Pero sí recordaba la estufa de leña que tenían para calentarse. Calentaba bastante bien la casa, pero le daba mucho miedo el humo de la estufa. Mamá decía que era la causa de los muchos problemas de Memo. Todavía podía recordar a Memo siendo un bebé envuelto en una cobija y lentamente poniéndose morado. Su mamá le gritaba a su papá que hiciera algo. Su papá tomó a Memo y los cuatro se fueron corriendo a la primera parada de camión para ir a urgencias. La familia como casi toda familia en su colonia, no tenía carro. Y las ambulancias no llegaban a la colonia en aquel tiempo. Daniel tenía mucho frío, pero tenía aún más miedo. No entendía lo que estaba pasando. Pronto estas visitas a urgencias se convirtieron en una rutina para Daniel, pero el temor nunca se convirtió en rutina. Daniel y Memo también eran niños de cuatro y ocho años, pero iban aprendiendo que la vida no era nada segura sino muy frágil.

Capítulo 3

LOS PASTORES

LA iglesia hecha de block y con techo de lona desgastada, tenía dos cuartos. La pastora Pati y su esposo el pastor Miguel bajaban de su carro viejo el equipo de sonido para la Iglesia de Fe. También había un teclado, una guitarra eléctrica, un proyector, una Biblia, y el programa impreso para el culto del día. Otras iglesias de la colonia invitaban a sus cultos a la gente gritando a cualquiera que vinieran a adorar al Señor. Pronto la Iglesia de Fe también se unía a los gritos e invitaciones de la mañana.

La pastora Pati y algunos jóvenes conducían las alabanzas por 45 minutos. El pastor Miguel les impartía el servicio con voz alta, insistiéndoles por más de una hora a cambiar su camino. El pastor Miguel creía que era necesario darles una buena dosis de la palabra de Dios, de temor, y de la necesidad de arrepentimiento para que permaneciera en ellos una semana. Otras iglesias seguían el mismo modelo todos los domingos como El Templo de Alabanza, La Iglesia de los Milagros, La Capilla de Dolores, y varias misas católicas. Además, había las que se congregaban los sábados como los testigos de Jehovah y los mormones.

Pero de lunes a viernes nada cambiaba en la comunidad. Los cultos no parecían tener efecto. La vida seguía siendo dura, y los niños sufrían.

Capítulo 4

CRISTAL

CRISTAL y Fina recorrían el enorme tiradero de basura buscando cualquier cosita de valor. Si encontraban algo de fierro era más fácil cambiar por algunos pesos. Tenían que juntar muchas latas de aluminio antes de llevarlas a cambiar por dinero y siempre había el temor de que alguien se las robara. Cada niña llevaba una bolsa, una de La Bodega y otra de la S-Mart. Fina siempre quería guardar las páginas de revistas donde aparecían fotos bonitas que se encontraba tiradas. Cristal se lo permitía siempre y cuando ayudara con los metales también. Las fotos tal vez reflejaban sus sueños y esperanzas.

Las hermanas se cuidaban de las víboras, los alacranes, y los bullies (los acosadores entre niños). En ese momento las dos llevaban zapatos que más o menos les quedaban. El calor del día empezaba a quemarle los pies a Cristal en las partes desgastadas de sus chanclas. El clima del desierto era severo, tanto frío por la noche, pero tanto calor durante el día.

Una vieja camioneta pasaba lentamente por el enorme tiradero evitando los baches y temiendo quedar con una llanta ponchada. Las dos niñas se escondieron detrás de un colchón sucio. La camioneta paró y dos señores bajaron a descargar un montón de cosas.

"Gracias," susurró Cristal a nadie en particular. Ella sabía que estar escondidas donde descargaron tantas cosas era una gran ventaja. Ellas tendrían la primera oportunidad. Los hombres se fueron y las niñas empezaron a escarbar. Cristal encontró tres piezas de tubería, una placa de carro, y dos hojas de lámina torcida. Fina encontró un juego de acuarelas casi vacío y un par de tijeras de niño oxidadas. Cristal la dejaría llevarlas si también la ayudaba a llevar la placa y una lámina.

Empezaron la larga caminata de regreso a la colonia parando en un hueco escondido para ir al baño. Usaban unos periódicos como papel del baño. Pues era algo que les enseñó su mamá.

Ese día tuvieron suerte de venderle a Don Diego. Los demás niños de la colonia les llamaban *kileras*, burlándose de ellas con el apodo porque ganaban por kilo.

Aún en camino a casa pasaron por una *tiendita* y compraron unas tortillas y un refresco de dos litros pagando depósito por la botella. Otros niños de edad escolar ya caminaban rumbo a sus estudios al turno de la tarde, pero las hermanas llegaban a casa cansadas y con calor de una mañana de trabajo. Ya hacía pleno sol y calor y los perros callejeros y las niñas buscaban sombra. Por fin, Cristal y Fina llegaron a casa en el momento en que se despertó su mamá.

"Tráeme un vaso de Coca," le gritó a Cristal. Cristal le echó un poco de Coca en un vaso sucio. "¿Qué más hay?"

"Solo tortillas," dijo Cristal.

"Tengo acuarelas," le decía Fina alegremente mientras sacaba sus nuevos tesoros de la bolsa. Su mamá no le hizo ningún comentario.

"¿Dónde está tu hermano?" dijo Mamá. "¿Por qué no arregló esa puerta?"

Cristal no quería tener la responsabilidad de él también. Ya cuidada a Fina y la llevaba a todas partes con ella. Iván tenía más años que ella. Él podría contestar por él mismo. Pero ella no se atrevía contestarle así a su mamá. "Él estará aquí pronto" fue todo que dijo.

Mamá buscaba por la ropa algo más limpio que lo que llevaba puesto. Se cambió delante de ellas. A Cristal todavía le daba vergüenza ver a su madre desnuda. Así que Cristal se entretenía soplando las cenizas y echando unas hojas secas de elote para prender lumbre. Empezó a calentar unas tortillas mientras Mamá les trajo una lata de frijol para calentar. Esa sería su único alimento durante ese día.

La tele estaba a volumen alto con una novela así que no había necesidad de entablar una conversación durante la pequeña comida. Las hermanas pronto escucharon a la vecina llamando a su perrito y salieron a jugar con ella.

La vecina se llamaba Aída y asistía al kinder desde las ocho de la mañana hasta el mediodía. Siempre jugaba con Cristal y Fina hasta que llegaban sus hermanos mayores. Aida era muy lista. Su mamá le leía libros y le contaba historias y cuentos. Aida podía escribir su nombre y los números del uno al diez. Le gustaba jugar a la escuelita. A Cristal le encantaba. Aida siempre jugaba a la maestra y Cristal absorbía todo lo que veía y escuchaba de Aida. Cristal conocía los números y sabía sumar y restar mentalmente. Estaba aprendiendo a escribir el nombre de Aida y cualquier cosa que "la maestra" Aida quería enseñarle. A veces la mamá de Aida le ayudaba a escribir su propio nombre. Cristal sabía que podría ser buena alumna si tuviera la oportunidad de asistir a la escuela. La vecina también ayudaba a Fina. Tal vez el año siguiente Fina podría asistir al kínder. Pero, ¿cómo conseguir el dinero para la inscripción y el uniforme?

Las niñas dibujaron el patrón del juego avión con los números de uno a diez, un número en cada cuadrado. Buscaron una piedra para tirar en el cuadrado no debían brincar. No había pasto en ningún lugar así que el viento se llevaba el dibujo cada día. Jugaron largo rato, Fina recordaba sus números por fin mientras brincaba. Después jugaron a ser cocineras e hicieron unas tortillas de lodo. Cristal deseaba que la comida fuera real. Su panza le gruñó.

Capítulo 5

DANIEL

Daniel salió de su salón de clase. "Hasta luego, Maestra," le dijo a su maestra. Ella sonrió y saludó a su mamá. Memo estaba corriendo con los otros hermanitos cuyas mamás esperaban en la fila para recoger a sus hijos mayores. Había unos perros corriendo y jugando que siempre se encontraban con sus dueños cuando todos los alumnos salían por el mismo portón estrecho a la hora de salida de la escuela.

Algunas familias compraban chucherías, manzanas, dulces, o chicharrones con salsa. Pero Daniel y Memo sabían que no debían pedirle nada a Mamá. Ella ahorraba cada pesito para pagar las facturas. Además, ella siempre dejaba preparada una buena comida para cuando llegaran de la escuela. Papá ya se había ido a trabajar su turno de seis a seis.

"¿Tienes tarea?" le preguntó su mamá a Daniel.

"Solo una página de matemáticas. Terminé la hoja de vocabulario hoy en la mañana." Daniel podía leer muy bien. Lo habían elegido para participar en un concurso de lectura el siguiente mes. Las matemáticas le parecían más difíciles. Eso era cómico para Daniel porque su papá no sabía leer pero era muy rápido con los números. Su papá no tenía paciencia con él cuando cometía algún error con el dinero. De camino a casa, Daniel pateaba una botella de plástico pasándosela a Memo. Memo la pateaba una vez más. Se tomaban turnos fingiendo que era un partido de fútbol añadiendo más jugadores de la colonia mientras avanzaban.

"Vengan a lavarse las manos y a comer," les dijo su mamá cuando llegaron a casa. Daniel colgó su mochila y sacó el contenedor de botanas que su mamá le preparaba todos los días. Daniel era el único en su clase que traía pedazos de fruta o pepinos con chile. La mayoría no llevaba nada o llevaba algunos pesos para comprar pastelillos o frituras en el portón. Daniel se lavó las manos y se sentó a comer. Mamá había preparado arroz con chile colorado y frijoles. Siempre había un plato de tortillas calientes. Daniel usaba las tortillas como cuchara. Hay un refrán que dice que aún el mexicano más pobre come como un rey porque usa distinta cuchara con cada bocado.

Cuando terminaron de comer, Daniel y Memo salieron a jugar con los carritos en la tierra. Construían pistas y rampas y fingían ser los personajes de El Chavo, su programa favorito de la televisión. Cuando el viento empezó a soplar, a Memo le provocó mocos y tos. Él se los limpiaba con la manga de su playera. Cuando anocheció, Mamá los llamó para meterse en la casa. Daniel corrió a prender la tele mientras Memo se tardaba afuera. Había un partido de fútbol del equipo Santos. Como Santos era su apellido siempre decía que era su equipo. Después de varias regañadas, Memo se metió y los dos gritaron "Gooooooooool" cuando Santos metió un gol. Pero pobre Memo tosía al final de cada grito. Mamá le dio un jarabe y una cucharada de miel. Ella siempre se preocupaba por Memo cuando estornudaba o tosía. Memo tenía la tendencia de enfermarse muy a menudo así que había que ponerle mucha atención a cada síntoma. A veces Daniel se sentía celoso de la atención que recibía Memo. Pero después, se sentía mal por sentirse celoso pero no podía evitarlo.

Daniel sacó uno de sus libros de la mochila y empezó a leer. Le gustaban los libros de animales. Tal vez un día estudiaría para ser veterinario. Mientras leía, Daniel sintió el pie de Memo tocándole en la oreja.

"Déjame en paz, Memo!" le dijo. Memo siempre lo molestaba cuando él quería leer.

"Leéle un libro a tu hermano, Daniel. Memo tiene que acostumbrarse a escuchar a la maestra para preKinder," decía su Mamá.

Daniel empezó a leer en voz alta pero pronto Memo lo comenzó a molestar con sus pies otra vez. "Déjame en paz, Memo," le gritó otra vez.

Esta vez Mamá agarró a Memo y empezó a leerle otro libro aparte. Daniel extrañaba eso. Él leía bien, pero le gustaba que su mamá le leyera los libros de capítulos. A veces parecía que Memo tuviera todo lo mejor. No era justo.

MARION SURLES TRANSLATED BY SORAYA RDZ ROMÁN AND MARGIE GONZÁLEZ

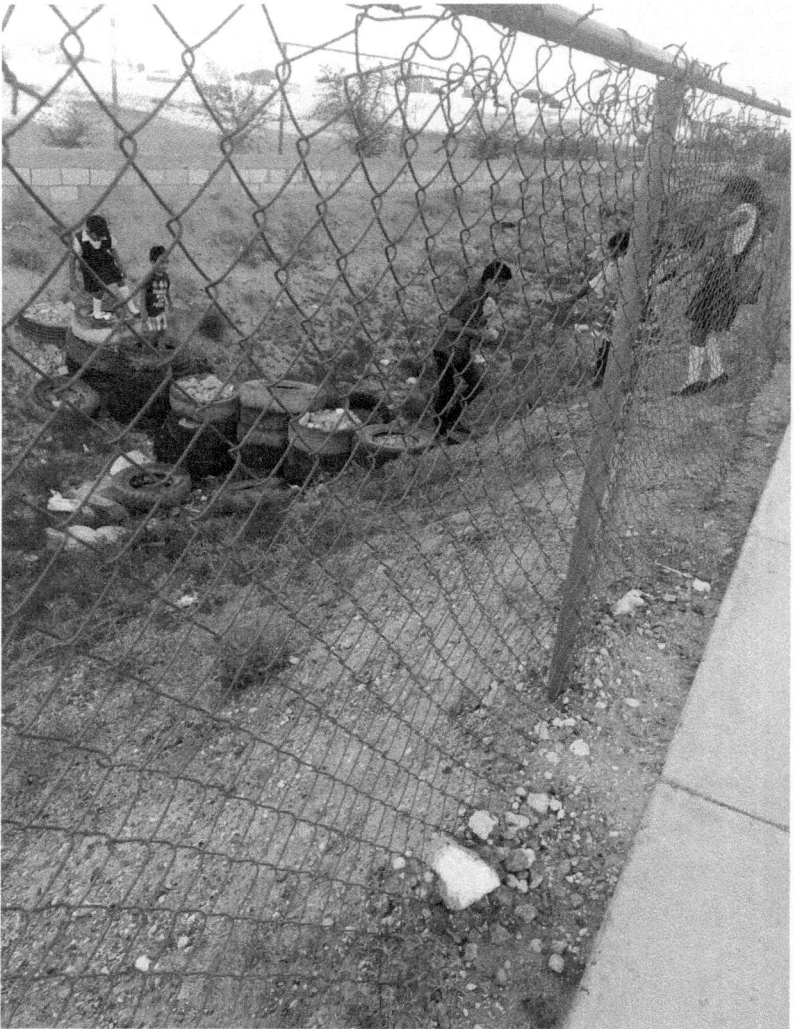

Capítulo 6

CRISTAL

L A mamá de Aida la llamó a comer. Con tristeza Cristal y Fina empezaron su caminata por la colonia. Un muchacho antipático las llamó, "Oigan, gorditas. ¿Dónde
está su mamá?"

Intentaron no hacerle caso y seguir su caminata. Conocían al muchacho y sabían que
siempre estaba metido en líos. Dieron vuelta por otra calle tratando de pensar en algún
lugar adonde ir o en que iban a comer. A veces había un comedor que les permitía comer
gratis. Pero ese día estaba cerrado. Siguieron caminando y vieron a la niña de la tiendita.
Aurora siempre se reía y les hacía chistes. Divertirse como cualquier niña les hizo olvidar
su hambre al menos por un ratito. Pero pronto Aurora también tuvo que entrar a su casa
y las niñas siguieron su camino a casa.

El viento soplaba más fuerte y sus ojos se llenaban de tierra. Fina quería llorar, pero sabía que solo empeoraría la situación. Pasaron por una iglesia pequeña a donde escucharon
música y la voz fuerte de un señor usando un micrófono. Él decía que necesitaban a Jesús
como su salvador. Cristal deseaba que ese Jesús del que hablaba las salvara del hambre y
la falta de cariño. Caminaron hasta el anochecer, pero nadie les ofreció comida o alguna
otra cosa que les pudiera quitar el hambre. Regresaron a casa y comieron una tortilla fría.
Mamá ya no estaba como lo solía hacer con frecuencia. Otra vez las niñas estaban solas y
con hambre. Se durmieron como dos cachorros en una pila de ropa sucia.

Capítulo 7

DANIEL

DANIEL terminó el desayuno y sacó la tarea de matemáticas de su mochila. La mayoría de las mañanas Papá jugaba futbol un rato con sus hijos antes de acostarse. Así que Daniel quería terminar la tarea rápidamente. Memo siguió con el intento de marcarle la hoja.

"Déjala, Memo," gritó Daniel. Papá terminó la comida de su plato y se llevó a Memo para afuera con él a reparar el carro.

Memo siempre podía hacer las cosas más divertidas con papá. No es justo, pensó Daniel y echó más ganas a la hoja de tarea y la metió en la mochila intentando correr para afuera con Papá y Memo. Pero Mamá le agarró por el hombro y dijo, "Déjame revisarla primero." Se tiró en la cama sabiendo que esto le iba a costar más tiempo adentro.

Capítulo 8

CRISTAL Y DANIEL

Las niñas estaban en su tercera vuelta por la colonia cuando vieron a Daniel y a Memo jugando futbol con su papá. Cristal se preguntaba cómo sería jugar con los padres. Ella nunca había jugado con ninguno de los suyos. Seguían caminando cuando la mamá de Daniel salió de la casa. Ellas la habían visto antes y sabían que se llamaba Araceli porque solía visitar a su vecina. Araceli las llamó que fueran a la casa. "¿Quieren un burrito hoy?" les preguntó.

Cristal vaciló, pero Fina gritó, "Sí, Señora, por favor," y corrió arrastrando a su hermana.

Cristal le dijo en voz baja, "Gracias, Señora."

Araceli se metió adentro y regresó con dos burritos de frijoles con queso y dos cajitas de jugo. Las dos le dieron las gracias a Araceli. Tenían tanta hambre que se comieron los burritos en unos segundos. Mientras comían, Araceli trató de hacerles plática y les hizo algunas preguntas.

"Dónde trabaja su mamá ahora?"

"No sé," dijo Cristal con boca llena.

"Ya las inscribió su mamá en la escuela?"

"No sé."

"¿Tienen algo que comer para más tarde?"

Con vergüenza Cristal dijo, "No sé."

Araceli entró en la casa y regresó con una bolsa con dos manzanas y dos yogures. También tenía un cuaderno de actividades para aprender las letras. "Cristal, ¿Quieres practicar las letras del alfabeto?" Le enseñó cómo usar el marcador y borrar con el dedo para practicar una y otra vez. "El grupo que construye casas nos dejó este cuaderno. Daniel ya sabe las letras y Memo es chiquito todavía. Puedes tenerlo y usarlo hasta que se acabe el marcador," les dijo Araceli.

"Gracias, Señora," dijo Cristal y con un voz aún más suave dijo, "pero no sé que son. Puedo copiarlas, pero no sé qué hacen."

"Puedo ayudarte a aprenderlas. Puedes pasar después de la una entre semana. Daniel estará en la escuela y mi esposo estará dormido y ojalá que Memo también. Hoy no puedo porque es viernes y mi esposo no trabaja los viernes."

Cristal se emocionó, pero también se preocupó porque nunca sabía qué día o qué horas eran. Un día con hambre siempre era igual a otro. Pero aún así se alegró sabiendo que era viernes porque los sábados había un comedor abierto. Podrían tener un plato lleno de comida de verdad. De repente un balón de fútbol le golpeó el lado de la cabeza.

"¡Daniel!" gritó Araceli.

Daniel se acercó corriendo. "Lo siento," dijo en voz baja sin mirarle a los ojos.

"¿Estás bien?" preguntó Araceli.

"Sí, Señora. Tenemos que irnos a buscar metal. Gracias por el burrito y la bolsa de comida. Regresaremos el lunes." Casi brincaba de gozo jalando a Fina al tiradero de basura. Durante su caminata, pasaron por una iglesia con muchas letras pintadas en la pared. Cristal no podía leerlas, pero ahora sabía que algún día sí podría. Ella miró la bolsa que le regaló Araceli. Gracias, le dijo a nadie en particular.

Daniel, Memo, y Papá jugaron fútbol después de la visita de las niñas. A los dos les encantaba esquivar a su papá con el balón gritando "Gooooool." Les encantaba compartir cualquier momento con su papá, pero nunca era lo suficientemente largo. El tiempo siempre se terminaba muy pronto.

"Es hora de alistarte para la escuela, Daniel," dijo Mamá. Memo se quedó jugando con los carritos afuera. Papá entró para ayudar a Daniel a bañarse y vestirse con el uniforme de la escuela. También pulió los zapatos y le peinó su cabello de un lado a otro usando gel como a él le gustaba. Mamá le preparó la cajita de pepinos con chile y una botella de agua. Ya era hora de irse a la escuela. Daniel empacó todo en su mochila y se despidió de Papá que se acostaba a dormir para recuperar el sueño perdido en el turno de noche.

Memo seguía jugando afuera, y Mamá lo llamó a acompañarlos a la escuela. Daniel caminaba al lado de Mamá con la mochila pesada inclinándole para atrás. Mamá llevaba a Memo de una mano mientras que él se limpiaba la nariz de mocos con la manga de su suéter de la otra mano. El viento levantaba una gran cantidad de polvo y tierra de los terrenos sin zacate. La camisa del uniforme de Daniel ya se veía más café que blanca. De repente, Memo comenzó a toser fuerte. Mamá empezó a preocuparse y al mismo tiempo a asustar a Daniel. Daniel sabía que cuando Mamá se preocupaba por Memo era porque Memo se podía poner grave de salud en cualquier momento.

"Voy a dejar que sigas a la escuela solo, Daniel. Allí vienen Dulce y Richi. Debo llevarme a Memo en la casa para protegerlo del viento," Mamá le dijo a Daniel.

Con urgencia Mamá cargó a Memo y caminó rápidamente a la casa. Daniel se juntó con sus amigos y sus mamás caminando a la escuela pateando una piedra. El sentimiento de envidia regresaba al pensamiento de Daniel. *Memo es el favorito de Mamá. A nadie le importo. Solo les importa Memo.*

Capítulo 9

CRISTAL Y FINA

CRISTAL y Fina encontraron suficientes trozos de metal para comprar una docena de huevos. Cuando llegaron a casa, Mamá estaba ahí frenéticamente sacando grandes montones de ropa y basura.

"¿Dónde han estado?" les gritó. "Vengan aquí y empiecen a limpiar. Los representantes del DIF estarán aquí en cualquier momento!"

Cristal agarró una desgastada escoba al menos mismo tiempo que Iván entró con un balde de agua. Juntos tallaron el piso de concreto lo mejor que ellos pudieron e intentaron hacer que la cocina pareciera que realmente la usaban para cocinar y para comer. Cristal odiaba cuando los representantes del DIF visitaban su casa. Mamá siempre contaba las más dulces historias de sus pequeños. Contaba como Papá estaría pronto de regreso de su trabajo, y todos irían al Supermercado Soriana por algunos víveres. Como los abuelos ayudaban con alimentos y otras necesidades cuando era necesario. Y, la historia más convencedora era cuando Mamá contaba con detalles diciendo que los niños estaban en una lista de espera para ingresar a la escuela del siguiente vecindario porque no había más espacio en la escuela de su colonia. Mamá también solía decir que ella había regresado de una entrevista de trabajo en una maquiladora y esperaba comenzar en el turno opuesto al de Papá así los niños nunca estarían solos en casa. Aunque eran muchas mentiras, Mamá las contaba tan fácilmente ya que lo había hecho más de un par de veces. Todo esto provocaba que a Cristal le diera dolor de estómago, pero ella siempre permanecía quieta sin decir una palabra o desmentir a su mamá. El DIF ya se las había llevado una vez, y ella no deseaba que eso volviera a pasar.

Finalmente, la casa estaba bastante limpia con un poco de ropa doblada para cada niño en un armario. Cristal encendió el fuego en la pequeña estufa para calentar el comal. Batió algunos huevos y calentó las tortillas que quedaban. Todos estaban sentados juntos comiendo cuando el carro de los representantes del DIF se detuvo. Lucían como la pequeña familia perfecta comiendo juntos. Mamá respondió las preguntas habituales mientras la trabajadora social echaba un vistazo a la casa construida de blocks de una sola habitación. Satisfecha o tal vez solo marcando su visita, la trabajadora social se fue. Sin importarle más, Mamá también se fue rápidamente.

Capítulo 10

DANIEL

DANIEL y Memo se levantaron temprano a pesar de que era sábado. Tenían todo el día para jugar y sin responsabilidades. Por un rato, se pelearon en la cama y vieron las caricaturas de Pokemón hasta que Mamá y Papá decidieron levantarse. Rápidamente, doblaron sus cobijas como a Papá le gustaba y salieron a jugar.

Daniel esperaba poder ir con Papá a las segundas para vender la ropa y juguetes que ya no usaban. Pero de repente Daniel recordó la tarea de matemáticas del día anterior. Debería haberse tomado su tiempo con los ejercicios de matemáticas esta semana. Con frecuencia cometía errores simples cuando se apuraba a terminar la tarea. Su papá le decía "¿Cómo puedes ayudarme a vender en las segundas si no sabes entregarles el cambio a los clientes? No necesito un ayudante a quien necesito revisar todo el tiempo. Es importante que sepas contar el dinero si no, vas a regalar todo nuestro dinero que tan arduamente hemos ganado."

La plática y consejos de Papá realmente hicieron pensar a Daniel. El prometió que trabajaría más duro en poner de memoria las tablas de sumar, restar, multiplicar, y dividir y se tomaría su tiempo para resolver problemas matemáticos. Pero por el momento, Daniel disfrutaba el sábado. Jugó un tiempo más con Memo alternando su patín y jugando con los carritos pequeños por la pequeña pista que hicieron en la tierra.

De repente el viento sopló alrededor. Memo se limpió la nariz con la manga y tosió un poco. "¡Para de toser Memo!" Daniel le gruñó a su hermano pequeño. "No te enfermes hoy o arruinas nuestro fin de semana!" Memo pudo dejar de toser durante un rato y luego los dos siguieron jugando en la tierra y en la calle con el patín hasta que Mamá los llamó para que fueran a comer.

Al entrar a la casa, observó que Memo tosía e inmediatamente le dio medicina a Memo y habló de la posibilidad de darle un tratamiento para mejorar su respiración. Los hermanos comieron sin hablar escuchando atentamente a Mamá y Papá hablar sobre qué vender en las segundas. A Daniel le encantaba vender porque siempre tenía para comprar un juguete nuevo. Una vez Papá le permitió comprar un coche de control remoto que estaba roto. Papá lo pudo arreglar rápidamente, y pudieron disfrutarlo por mucho tiempo. Daniel esperaba que Papá lo dejara ir hoy a vender con él.

Justo entonces escucharon a uno de los vecinos gritando el nombre de Daniel. Daniel corrió a abrir la puerta y escuchó al vecino gritar, "Daniel, ¡alguien robó tu patín!"

Daniel corrió hacia afuera con Papá corriendo atrás gritando la pregunta que Daniel no quería responder.

"¿Dónde lo dejaste, Daniel? Te dije que siempre lo metieras a la casa. ¿Por qué no me escuchas? No cuidas nada de lo que te compro. ¿Acaso trabajo toda la semana para que dejen las cosas en la calle? Entra a la casa y te quedarás en la casa con tu mamá a trapear los pisos."

Daniel estalló en lágrimas, se tapó la cara y salió corriendo hacia la puerta. Observó de reojo mientras Papá cargaba las cosas para vender en el auto. Daniel sollozó aún más fuerte al ver que Memo si iría con Papá ese día. Una vez más pensó que nadie se preocupaba por él. Memo era el favorito.

Capítulo 11

CRISTAL

EL sábado fue un buen día para Cristal y Fina. Comieron el yogurt que Araceli les regaló para el desayuno y escondieron las manzanas para después, con la esperanza de que Iván no las encontrara. Luego jugaron en la casa de al lado con Aida. La Mamá de Aida salió por un rato y ayudó a Cristal con su nuevo libro de trabajo, diciéndole los nombres y los sonidos de cada letra mientras Cristal las escribía. Después de un buen rato, la familia de Aída tuvo que ir a Soriana para comprar el mandado para la semana. Cristal y Fina fueron al comedor a comer. Por suerte, el día sábado era uno de sus mejores días de la semana por que siempre tenían una comida segura.

Como siempre, la pastora Pati fue muy agradable y les sirvió un plato de comida y empezó a contarles una historia acerca de alguien llamado Jesús quien tomó algo de pescado y algo de pan y alimentó a cinco mil personas. A Cristal le encantaba escuchar esa historia. Después de contestar algunas preguntas acerca de la historia, los niños colorearon una imagen del hombre Jesús repartiendo la comida. "Me hubiera gustado estar ahí," dijo Cristal. La pastora sonrió y la abrazó. Cristal se sorprendió y se puso tensa. Se sintió bien, pero nadie la había abrazado. Ella no sabía cómo responder al abrazo.

La pastora les dio una bolsa con dos bananas y una caja de leche. Las invitó a que fueran al día siguiente a la iglesia y escucharan más acerca de Jesús. "Sí, Señora, gracias," respondió Cristal. Fina realmente nunca hablaba, pero ella le sonrió a la pastora y le permitió que la abrazara fuertemente. Con la panza llena y corazón contento las hermanas comenzaron su caminata de vuelta hacia su vecindario.

Ese día, había más actividad por las calles ya que las personas habían salido temprano del trabajo y estaban relajándose frente a sus casas. Algunos juegos de fútbol se formaron en las calles, y las chicas se agruparon para ver a los jóvenes jugar y patear unos cuantos goles. Cristal no sabía por qué las chicas nunca jugaban al fútbol. A ella le gustaría jugar, pero no se atrevía meterse en el grupo de puros muchachos. El olor a cerveza se hacía cada vez más fuerte a medida que el sol se empezaba a bajar. Cristal sabía que ese olor solo traía problemas. Así que ella y Fina evitaron las calles principales tratando de evitar problemas. Desafortunadamente Toño apareció de la nada.

"¡Oye, gorditas!" les dijo mientras se acercaba a ellas.

"¡Déjanos solas, Toño!" gritó Cristal cuando Fina comenzó a sollozar. Toño seguía acercándose, empujándolas contra la pared. "¡No, Toño! ¡Detente!"

Capítulo 12

DANIEL

Daniel se metió adentro para explicárselo todo a Mamá. Mamá empezó primero. "Daniel, ¿cuántas veces te hemos dicho que no dejes afuera el patín del diablo? ¿Pudiste ver quién lo tomó?"

"No, Mamá," sollozó Daniel, "y ¿por qué Memo puede ir a las segundas?"

"Ya eres un niño grande, Daniel. Esperamos mucho de ti, así como Dios espera mucho de nosotros. ¿Recuerdas el versículo del cual la pastora Pati habló en el comedor la semana pasada?" dijo Mamá. "'A quien se le ha dado mucho, mucho se le pedirá a cambio.' Tenemos una casa agradable. Papá tiene un trabajo estable. Memo está saludable. Y tenemos suficiente para comer. Pero tenemos que cuidar nuestras pertenencias. El rico no es rico por lo que tiene. El rico es rico por lo que cuida. Dios nos pide cuidar todo lo que nos da. Ahora ayúdame a limpiar la casa. Papá quiere que trapees, para eliminar el polvo que provoca que Memo tosa."

Daniel obedeció, pero con muy poco entusiasmo. *¿Por qué Mamá siempre tenía que mencionar a Dios para todo?* Daniel conocía ese versículo de la Biblia y muchos más pero no alcanzaba a entender. *¿Qué tenía eso que ver con su patín del diablo? Los patines no se mencionaban en la Biblia. ¿Y qué hay de 'no robarás'? Eso está en la Biblia también. ¿Dios no va a castigar al ladrón del patín? ¿Por qué Papá lo castiga a él? La vida no es justa.*

Daniel trabajó casi hasta al anochecer cuando Mamá finalmente le dio algunos pesos para ir a buscar un refresco grande para Papá. No podía esperar para salir de casa. En su pequeña cabeza Daniel pensaba que él solo era bueno para hacer sus mandados y hacer los quehaceres de la casa. Él estaba cansado de eso. Tal vez si no llegaba a casa esa noche se darían cuenta si no lo extrañaban.

Daniel decidió tomar la ruta más larga hacia la tienda. Incluso podría encontrar su patín del diablo mientras estaba caminando. Evitó el juego de fútbol callejero y el parque. No tenía ganas de hablar con nadie. Encontró una lata para patear el camino. Pasó por el lugar donde hacían los blocks de cemento. Papá dijo que no estaban bien hechos y que derrumban pronto. Dijo que las personas allí no estaban siendo honestas, y que eso era lo mismo que mentir.

Pasó por la casa donde un hombre reparaba un refrigerador en su patio delantero. Había tal vez 15 refrigeradores ahí y nadie podía jugar fútbol en esa casa. Estaba oscureciendo, y una gran rata cruzó la calle justo frente a él. Trató de no gritar. La vio correr bajo el borde de la casa de alguien y meterse ahí. *¡Qué asco!* Solo había visto un pequeño ratón en su casa de block pero, nunca una rata. Daniel siguió su camino y luego, volteó en la esquina cuando escuchó a alguien gritar, "¡No, Toño! ¡Detente!"

Daniel también gritó: "¡Detente!" antes de siquiera pensar en ello. Toño tenía a Cristal contra la pared, riéndose de ella mientras Fina sollozaba a un lado. Daniel detuvo a Tono.

"Mira al pequeño salvador," se burló Toño de Daniel. Toño retrocedió como si se fuera a ir. Daniel lentamente dejó escapar su aliento. Pero no antes de que Toño hiciera un movimiento rápido y lo golpeara en el ojo, luego se alejó riendo, diciendo, "Mocoso" mientras caminaba.

Cristal abrazó a Fina y susurró gracias a Daniel. Le dolía su ojo y quería llorar, pero al menos su ojo no sangraba. "Te encuentras bien?" preguntó Cristal.

"Estoy bien," dijo Daniel." Solo estoy escondiéndome de mi familia."

Cristal no podía comprender ¿por qué Daniel decía eso? Su mamá era muy dulce y amable con ella y Fina, en cada ocasión que la veían.

"Porqué te escondes? Tienes unos buenos padres," dijo Cristal.

Pero antes de que Daniel pudiera responder, un automóvil giró al lado de ellos. Era su Papá el que estaba manejando.

"Entra, Daniel, ahora," gritó su Papá. "¿Por qué estás aquí? Se suponía que solo deberías ir a la tienda." Daniel entró, vio la expresión de su Mamá, y escuchó el sonido irregular de la respiración de Memo. Daniel sintió que le dolió el estómago. Aquí vamos de nuevo, pensó, mientras su Papá aceleraba por el vecindario, de prisa hacia el hospital.

Capítulo 13

CRISTAL

E L domingo por la mañana Cristal y Fina salieron de la casa sin despertar a su Mamá. Iván también continuaba durmiendo, Mamá solía estar de mal humor después de los sábados por la noche. Del escondite, ellas tomaron sus plátanos, manzanas, y la caja de leche. Comieron los plátanos mientras caminaban, estando atentas por si aparecía Toño. Por suerte, no había muchas personas tan temprano los domingos.

Se fueron a su lugar secreto en el enorme hueco de basura y abrieron la caja de leche, tomando turnos para beber del cartón. Era algo especial para las niñas. Casi nunca tenían leche. Una vez que terminaron su leche, comenzaron a caminar por el basurero, buscando nuevas montañas de basura a donde con suerte podrían encontrar algo con valor. Encontraron lo que parecía el carrito de un niño, doblado y oxidado. Juntas lo arrastraron fuera del tiradero de basura y bajaron la calle hacia la casa de Don Diego.

Consiguieron muchos pesos por esa pieza. Cristal guardó los pesos en su bolsillo. De repente ella recordó la experiencia con Toño de la noche anterior y le dio la mitad a Fina para que la guardara en su bolsillo por si Tono apareciá e intentara quitarles sus pesos. "¡No lo pierdas!" ella le advirtió a Fina. "Ni siquiera lo saques de tu bolsillo por ninguna razón. Nadie necesita saber que lo tienes, ni siquiera Iván y especialmente Mamá." Fina parecía que quería llorar. Entonces, Cristal le dijo, "Vamos por un chicle," y Fina estaba feliz otra vez.

Mientras estaban comprando chicles en la tiendita, escucharon la música de la iglesia cerca del comedor. Pronto varias mujeres y niños comenzaron a llegar, pero muy pocos hombres. No había señal de Toño. Cristal realmente no deseaba ir tampoco. A ella le caía bien la pastora, pero los gritos por micrófono del pastor le asustaban. Siempre gritaba acerca de la sangre.

Cristal y Fina encontraron un pequeño árbol para sentarse debajo y escuchar. La música duraba largo rato con muchos gritos de "Gloria a Dios" entre cada canción. A ellas les gustaba esa música, muy distinta al reggaetón que se escuchaba desde los autos durante la semana.

Finalmente, la música se detuvo, Cristal sabía que la predicación a través del micrófono era el comienzo de más de una hora de gritos. No deseaba quedarse para escucharlo. Ella y Fina se levantaron para irse mientras una fila de niños salía de la iglesia liderada por la pastora Pati. Ella las vio y las saludó con la mano.

"Vengan a la escuela dominical con nosotros en el comedor."

Cristal y Fina la siguieron, reconociendo a algunos niños del vecindario como Aida la niña de al lado y Aurora de la tienda. No había señales de Daniel o su hermanito, y, por supuesto tampoco de Toño.

Todos se sentaron en el piso del comedor mientras la pastora les contaba otra historia acerca de Jesús. Jesús era un hombre muy popular. La gente siempre se amontonaba a su alrededor, quería tocarlo y hablar con él. Un día, un grupo de mamás fueron con todos sus hijos, intentando verlo. Los amigos de Jesús comenzaron a correrlos. Pero Jesús les dijo que pararan. Quería sentar a cada niño en su regazo y hablar con cada uno. Dijo que el cielo es como los niños pequeños. La pastora siguió hablando sobre el cielo y explicando su proyecto de arte, pero Cristal todavía estaba tratando de entender qué significaba eso. *¿Cómo es que el cielo era como los niños pequeños? ¿Los niños estarían a cargo? ¿Y si Toño estaba a cargo? El todavía era un niño.* Este Jesús parecía agradable a las niñas, pero era muy confuso.

Cristal y Fina colorearon la imagen de Jesús y los niños. Se suponía que debían colorear al niño en su regazo para que se pareciera a ellos mismos. Cristal ni siquiera tenía un espejo en su casa. ¿Cómo se suponía que debía saber cómo colorearse? Miró el papel de Fina y decidió que podría colorear el suyo por ella misma. Se dibujó el pelo largo y negro con manchas blancas. Luego coloreó unos grandes ojos oscuros. Ella coloreó una playera igual de sucia como la que Fina llevaba puesta. Fina coloreó la hoja de Cristal, dibujándole el pelo en una cola de caballo y ojos color violeta. Fina aún no conocía sus colores. Coloreó una playera color naranja, pero fuera de las líneas. La cola de caballo estaba muy bonita pensó. Cada uno de ellos tuvo que recitar el verso, "Jesús dijo, deja que los niños vengan a mí, porque de ellos es el reino de los cielos." Entonces la pastora les entregó una bolsita con churros con jarabe para que comieran.

Cristal y Fina pegaron sus chicles en la bolsa hasta que terminaron los churros. Querían guardar el chicle para más tarde. La pastora miró sus dibujos y sonrió. Ella las abrazó de nuevo y les dijo que eran pequeñas artistas. Cristal odiaba cuando finalizaba la clase. Nunca quería que terminara. Se imaginaba que era como la escuela de verdad.

Mientras la pastora estaba empezando a recoger, Cristal ayudó y luego preguntó vacilante si había otras pequeñas actividades que pudieran hacer en la iglesia. La pastora sonrió y dijo, "No, Cristal, sin embargo, volveremos el miércoles por la noche. Que tengan una bonita semana en la escuela."

Cristal comenzó a decir algo, pero entonces sonrió y le agradeció por los churros. Ella y Fina caminaron hacia casa, con otra larga tarde por delante. Nadie les hacía caso. Nadie las esperaba en casa. A veces, se sentían invisibles.

Capítulo 14

DANIEL

CUANDO Daniel y su familia llegaron al Hospital Infantil, Papá le dijo a Daniel que se quedara en el auto y que no se fuera a salir por ningún motivo. Mamá cargó a Memo, y los tres corrieron a la puerta de emergencia. Daniel pateó el asiento de enfrente y lloró de enojo. Estaba tan cansado de que lo hicieran a un lado y dejar olvidado. *¿Cuándo había sido su turno de ser especial?*

Miró por la ventanilla del automóvil y vio una área genial de juegos detrás de la cerca al lado del hospital. Se preguntó qué clase de familia viviría allí y si jugaban con todas esas cosas divertidas. Miró alrededor del auto, revisando los bolsillos traseros de los asientos y debajo de los asientos. Encontró dos carritos de Memo y comenzó a jugar con ellos en el asiento. Cuando se canso de ese juego, abrió la consola y en la guantera encontró tres pesos. Sabía que la última vez que estuvieron aquí, había un puesto de churros justo al borde del estacionamiento. Una vez, cuando hacía mucho frío, una señora se detuvo en el estacionamiento del hospital, abrió su camioneta, y les dio unos tamales y vasos de champurrado a todas las familias que esperaban visitar a sus enfermos en cuidados intensivos. ¡Gratis! Eso había estado muy chido, pero el susto que le dio Memo en las dos ocasiones anteriores todavía estaba muy fresco en su memoria.

No estaba muy frío esta noche. Caminó hacia el puesto y compró una bolsita de churros. El hombre le permitió que se sirviera jarabe él solo. "Dónde está tu mamá?" le preguntó a Daniel.

"Está adentro con mi hermanito," Daniel respondió.

"¿Dónde está tu papá?"

"Adentro también," le dijo. "No se preocupan por mí"

"Ah, apuesto a que saben que no tienen que preocuparse por ti porque eres un buen niño. Apuesto a que te han enseñado cómo cuidarte," dijo el hombre.

Daniel miró al hombre, pensando en lo que le había dicho. Él sabía cómo hacer muchas cosas. Él podía ayudar a su Papá a hacer estuco y hacer trabajos con block y dar los cambios en las segundas. Bueno, la mayoría de las veces lo hacía bien. Podía calentar una tortilla si Mamá encendía la estufa. Podía leer muchos libros para él mismo o compartirlos con Memo y siempre cuidaba de Memo. Cuidaba de Memo mejor de lo que cuidaba su patín. ¿Cuál era la razón por la cuál Memo estaba enfermo otra vez? ¿Estaba enojado Dios con él por no cuidar el patín?

Daniel regresó al carro y comió los churros. Trató de no pensar en Memo y el patín, pero no podía evitarlo. *Apuesto a que Memo tenía miedo.* Luego vio a Papá salir hacia el carro.

"Vámonos," le dijo. Papá no hablaba mucho. Daniel siempre tenía que hacerle muchas preguntas para saber cosas. Pero Daniel tenía miedo de hacer muchas preguntas esa noche, ya que Papá ya estaba enojado con él por el scooter, y ahora Memo estaba enfermo.

Finalmente, Daniel le preguntó, "¿Memo pasará la noche aquí?"

"Sí," dijo su papá sin dar más detalles.

Llegaron a casa y se fueron directamente a la cama. Daniel no pidió nada para comer. Antes de quedarse dormido, Daniel rezó una oración, "Querido Señor, cuida a Memo. Siento haber dejado que me robaran mi patín. No te lleves a Memo también solo porque olvidé tener cuidado".

Capítulo 15

CRISTAL

Cuando Cristal y Fina regresaron a casa, jugaron un poco con Aída a la escuelita. Aida compartió unas galletas pero pronto su mamá la llamó para ir de visita con la abuela. Cristal recordaba haber visto a su propia abuela una vez. No podía recordar mucho excepto que estaba un poco asustada. Ella deseaba tener una abuela a quien visitar. Ella pondría a Cristal en su regazo y le contaría historias de su vida o leerle cuentos. Estar con su abuela sería igual como estar en el regazo de Jesús, de la misma manera en que Jesús lo había hecho con los niños en la Biblia.

Por la tarde un grupo de gringos llegó. Una chica joven estaba traduciendo para ellos en relación a las diferentes casas de block que construyeron en el vecindario. Ella mencionó que la casa de Cristal era para una madre soltera con tres niños y la familia estaba mucho mejor ahora con una nueva casa. Ella describió la previa casa construida con tarimas, y todos los gringos la miraron fijamente. Cristal sintió que le tenían lástima y no le gustó.

El grupo siguió caminando por la calle y llegaron al lugar donde empezarían a construir otra casa de block mañana. Las esquinas estaban marcadas y el material de construcción sería entregado muy temprano por la mañana. Cristal no sabía quién viviría ahí. Ella nunca había visto a nadie en la pequeña casa de tarimas, que estaba encerrada en el centro del lugar.

La traductora le decía al grupo que probablemente la familia estaba visitando a familia, ya que eso es lo que la mayoría de las familias mexicanas hacían los domingos. "La mayoría," pensó Cristal. Ella y Fina comieron sus manzanas y continuaron siguiendo al grupo. El grupo de voluntarios estaría aquí mañana a las ocho de la mañana con botellas de agua, guantes de trabajo, bloqueador solar, y sombreros. Construir una casita de block en tres días era su meta y rara vez no cumplía. Trabajaban duros pero con mucha broma y risa.

El equipo abordó una van y se fueron. Siempre era algo divertido cuando un grupo de voluntarios estaba alrededor. Algunas veces el grupo compartía chicles o les leían historias. Fina no podía esperar que empezara.

Solas en el terreno para la casa nueva, Cristal y Fina decidieron irse rumbo a la casa de Daniel. Cristal tenía la esperanza de ver a Araceli para aprender algo más del alfabeto, pero nadie estaba en casa. Desilusionadas, las hermanas dieron la vuelta para volver a casa. Ya estaba oscureciendo y no querían ver a Toño esa noche. Así que se fueron corriendo a casa. Pero al llegar, Mamá ya se había ido. Solas otra vez, las niñas invisibles.

Capítulo 16

DANIEL

Papá despertó a Daniel temprano y le dijo que se preparara para irse. Cuando preguntó a dónde, Papá respondió "al hospital" sin dar más detalles. A Daniel le dolía su ojo, y por un minuto no pudo recordar por qué. Entonces recordó a Toño, y se sintió enojado de nuevo. Daniel agarró algunos libros para leer y algunas hojas para practicar matemáticas y para memorizar las tablas de multiplicar. Aún necesitaba practicar también sus propias sumas porque Papá se enojaba si lo veía usando sus dedos.

Subieron al auto y se dirigieron a un puesto de burritos. Papá compró 8 burritos de chorizo con huevo y un refresco grande. Condujeron al hospital mientras Papá se comía tres burritos y Daniel comía dos. Cuando llegaron al hospital infantil, Papá corrió llevándose los burritos para Mamá.

Una vez más, Daniel esperaba en el auto. Trabajaba en sus operaciones matemáticas y estaba leyendo un libro cuando su Mamá llegó, lucía muy agotada. Ella abrazó a Daniel y le agradeció que esperara en el auto solo. Pero luego le levantó su cara y lloró, "Daniel, ¿qué le pasó a tu ojo?"

"No es nada," dijo Daniel. "¿Cómo está Memo?"

"Sí, es algo. Alguien te golpeó. ¿Qué te sucedió? ¿Dónde estabas? ¿Fue aquí en el estacionamiento?"

"No," dijo Daniel. "Toño me golpeó."

"¡Ese Toño! Te he dicho que no juegues con él. ¿Por qué te es tan difícil obedecernos?" Mamá gritó. Ella respiró profundo y dijo, "Memo tiene puesto el oxígeno y necesita tratamientos respiratorios cada cuatro horas, pero hasta ahora no lo han internado en la unidad de terapia intensiva," ella dijo, agotada por no dormir.

Ella manejó cuidadosamente a casa. Estaba agradecida por el viejo carro de la familia. El carro tenía más de veinte años, pero hace unos meses un misionero los ayudó a comprarlo. El señor generoso vio los problemas de transporte que sufría la familia en caso de emergencia con Memo y decidió ofrecerles esta gran ayuda. Había sido de gran bendición.

Mamá no tenía licencia y aprendió a conducir a fuerzas la última vez que Memo se enfermó. Daniel recordaba aquel policía que los detuvo cuando él y su Mamá estaban camino al hospital. Daniel no tenía puesto el cinturón de seguridad porque su viejo auto no tenía cinturones de seguridad que funcionaron. Mamá lloraba, y finalmente el policía acordó dejarla ir. Ella ni siquiera tuvo que ofrecerle dinero. Él solo le dio una seria advertencia ya que estaban muy cerca del hospital. Ella no había tomado el exámen para obtener la licencia porque tomaba todo un día de espera en la fila. Daniel esperaba que no fueran detenidos de nuevo.

Llegaron a casa, y Mamá puso una carga de ropa para lavar, asegurándose de que el tubo de desagüe entrara en la ducha de agua fría. Hizo una pequeña compresa de hielo para Daniel, aunque probablemente debería haberse hecho anoche. Ella comenzó a cocinar un poco de arroz, frijoles, y carne de puerco con chile verde. Daniel salió a buscar a Aurora para jugar con ella, pero no estaba porque era domingo, el día que visitaba a sus abuelos. A Daniel le gustaba ir a la clase de la pastora Pati en el comedor, pero ya era demasiado tarde. Daniel entró a casa y preguntó si podía ver la televisión.

"Ayúdame a colgar la ropa primero," respondió su mamá Araceli. "También necesito que tomes el tanque de gas y lo llenes para que pueda terminar de cocinar la cena."

Daniel intentó contener su gemido. *¿Por qué tenía que hacer todo él?* Ayudó a colgar la ropa y fue por la llave para desenroscar el tanque. Caminó unas pocas cuadras hasta la estación de recarga. Llevarlo hasta ahí había sido la parte sencilla. Llevarlo a casa era mucho más difícil. El hombre lo ayudó a levantarlo sobre sus hombros. Mientras se alejaba, escuchó con orgullo al hombre decir, "¡Que niñito tan fuerte y tan responsable!"

De vuelta a casa Daniel caminó más despacio, echando solo unos cuantos pasos a la vez porque el tanque estaba pesado.

Daniel vio la tele mientras Mamá terminaba de cocinar. "¿Y tu tarea? Mañana es lunes," Mamá preguntó.

"Ya la hice," respondió Daniel. "Y también practiqué las operaciones matemáticas en el auto," agregó.

Araceli dejó de cocinar por un minuto y miró a su hijo. Estaba creciendo muy rápido. Estaba muy orgullosa de él. "Gracias, mijo," dijo y le dio un abrazo. Se sentaron y comieron, dijeron una oración juntos, agradeciendo a Dios por los alimentos y pidiendo su ayuda por la salud de Memo.

Luego prepararon un plato grande de comida para Papá y salieron nuevamente al hospital. Cuando entraban al estacionamiento, Daniel vio una van entrando hacia al edificio al lado del hospital con las letras DIF en ella.

"¿Qué es DIF?" le preguntó a Mamá.

"Es un lugar donde cuidan a los niños cuando los padres ya no pueden cuidar de ellos."

Daniel observó cómo una señora ayudaba a tres pequeños niños a bajar de la van y entrar al edificio. Los niños parecían estar llorando. Daniel se ¿preguntó por qué lloraban? cuando iban a quedarse donde había un gran patio de recreo. "¿Por qué sus padres no pueden cuidar de ellos?" le preguntó a su mamá.

"Puede ser por muchas razones. Algunas veces los padres se drogan o beben mucho alcohol. Algunas veces no les compran lo suficiente para comer o no los llevan a la escuela. Pero no importa que tan malos hayan sido los padres, parece que los niños continúan extrañándolos. Es difícil de entender cómo un padre no quiera cuidar lo mejor posible a sus hijos. Es triste."

Mamá se despidió de Daniel con un fuerte abrazo y entró corriendo al hospital con el plato de comida caliente para Papá.

Daniel pensó en lo que Mamá dijo. Salió del auto y se acercó a la valla para echar un vistazo. Había un gran tobogán curvo, columpios, un carrusel, una alberca llena de pelotas y un pequeño campo de fútbol con porterías reales. Deseaba poder jugar allí. Le gustaría vivir allí. Pero luego lo pensó de nuevo y decidió que realmente no quería vivir allí. El patio de recreo en el parque del vecindario tenía la mayoría de estas mismas cosas, pero no tan nuevas. Además, ¿quién cocinaría para él y lo prepararía para ir a la escuela? ¿Quién le ayudaría con sus tareas? ¿Iría Memo también con el? Pensó en los tres pequeños niños que vio entrar. Ni siquiera tenían juguetes con ellos. Dejaron todo atrás.

De repente escuchó a Mamá gritarle, "Daniel, ven para acá."

Corrió lo más rápido que pudo, esperando no meterse en problemas.

"Qué estabas haciendo ahí?" le preguntó.

"Me preguntaba cómo sería vivir ahí," él respondió.

"Oremos para que nunca tengas que averiguarlo," dijo Mamá. "Vámonos. Papá se quedará toda la noche, y yo me quedaré mañana por la noche mientras él está en el trabajo."

"Dónde me quedaré yo?" Daniel preguntó con voz aterrorizada.

"Ya sea con abuela Elsa o la tía Inés," dijo Mamá. "¿Con quién preferirías quedarte?"

"No me quiero quedar con la abuela Elsa. Ella siempre me grita, y a veces no tenemos nada para comer," dijo Daniel.

Araceli sabía que la casa de su mamá no era un buen lugar para que Daniel se quedara, pero algunas veces no tenía opción. "Voy a ver si tía Inés puede recibirte. Pero es posible que tengas que ir primero a casa de la abuela saliendo de la escuela porque yo ya estaré en el hospital, y Papá estará en el trabajo." La situación era muy complicada para toda la familia. Araceli estaba preocupada por Daniel tanto como por Memo. Araceli sabía que Daniel era un buen niño y que él se portaría bien. "Dios, cuida a Daniel mientras tratamos de cuidar a Memo. Y ayuda a Memo a poder respirar."

Daniel también rezó por Memo. Era su irritante hermanito quien tenía toda la atención, pero Daniel no quería estar sin el. Y tampoco deseaba tener que vivir en un hogar del DIF.

Capítulo 17

DANIEL

DURANTE los próximos días había una pequeña rutina para Cristal, Fina y también para Daniel. El grupo de gringos estaba ocupado construyendo una pequeña casa de block, deteniéndose algunas veces para tomar un descanso y compartiendo bocadillos con las niñas. Hicieron muchas preguntas con su divertida pronunciación en español. El traductor ayudó algo, pero Cristal intentaba esquivar la mayoría de las preguntas, no quería que supieran que ella no iba a la escuela y no sabía leer.

Daniel durmió en la casa de la tía Inés, y su Papá lo recogió temprano cuando salió del trabajo a las 6 a.m. Luego condujeron al hospital y le llevaron a Mamá algunos burritos para comer. Cuando Mamá salió del hospital, llevó a Daniel a su casa mientras Papá intentaba dormir en una silla junto a Memo en el pabellón del hospital al igual que otros cinco niños con sus mamás o papás. En la casa Mamá haría algunos quehaceres y cocinaría para ese día, siempre preparándole un bocadillo para que Daniel llevara a la escuela. A la una de la tarde Daniel se fue a la escuela. Mamá tomó una siesta y luego fue al hospital a tiempo para dejar que Papá volviera a trabajar. La abuela de Daniel lo recogió cuando terminaron las clases, y lo llevó a casa para que la tía Inés lo recogiera y lo llevara a pasar la noche en su casa. Parecía caos, pero el horario funcionaba hasta ahora.

Una tarde en la casa de la abuela, Daniel estaba jugando afuera esperando a la tía Inés. Estaba construyendo una pista para algunos de sus autos con escombros de otros trabajos de construcción en el vecindario. Trataba de mantener los autos en su pista mientras corrían por la franja de madera hacia un agujero de agua que cavó. El equipo de gringos se había ido por ese día, y nadie estaba cerca. De repente, de la nada apareció Toño.

"¿Qué estás haciendo, Mocoso?" preguntó con voz amenazadora.

Daniel quería correr, sabiendo que su mamá no lo quería ver cerca de Toño, pero no quería que Toño supiera que estaba asustado. "Nada," dijo, intentando que su voz no se quebrara.

"¿Jugando con tus pequeños autos, niñito?" Toño se burló.

Daniel no respondió nada, pero dejó de jugar y lentamente recogió sus carros y los metió en sus bolsillos.

"Tu Papá no puede comprarte juguetes grandes porque nunca va a trabajar," dijo Toño.

"Él sí trabaja. Él tiene un buen trabajo en una maquila ", gritó Daniel.

Toño rió y dijo, "Esa es buena, Mocoso. Veo su auto en casa todo el día. El no está trabajando. Solo piensas que él lo hace."

"Él trabaja demasiado ", gritó Daniel mientras atacaba a Toño. Pero Toño era más grande y más rápido. Lo esquivó y se rió de él un poco más.

"Ve a jugar con tus carritos, Mocoso. No tengo tiempo para hablar con bebés."

Daniel corrió hacia adentro intentando no llorar. La Abuela no tendría ninguna compasión por él. Agarró su mochila y trabajó en su tarea, tratando de no pensar en lo que había dicho Toño. *¿Papá realmente no tenía trabajo? ¿Es por eso que nunca tenían suficiente dinero?* Cuanto más lo pensaba, más molesto se ponía. *¿Por qué no podía tener algunos pesos para comprar bocadillos en la escuela como los otros niños? ¿Por qué le habían gritado cuando le robaron el patín cuando Papá podía ir a trabajar y comprar otro? ¿Por qué Daniel tenía que hacer todo mientras Papá dormía en casa?* Afortunadamente la tía Inés llegó con sus primos para distraerlo de los comentarios de Toño. Pero realmente, ¿Por qué no podría ser un niño como todos sus amigos?

MARION SURLES TRANSLATED BY SORAYA RDZ ROMÁN AND MARGIE GONZÁLEZ

Capítulo 18

CRISTAL

ERA el último día para el equipo gringo. Todos los días mientras el equipo trabajaba, Cristal y Fina tenían algo que hacer sin mencionar los refrigerios que el equipo compartía con ellas. No habían ido al basurero toda la semana. Cristal pasó por la casa de Daniel varias tardes, pero nadie atendió a la puerta. Estaba decepcionada, pero estaba acostumbrada a eso. A nadie les importaba de verdad.

El clima estaba cálido, y parecía que a los gringos les gustaba trabajar bajo el sol y ponerse morenos. Pero la mayoría de ellos regularmente se ponían rojos. Cristal sonrió al recordar a otros equipos anteriores poniéndose rojos bajo el sol.

Una de las gringas siguió molestando a la traductora para hacerle más y más preguntas sobre la familia de la casa. Cristal estaba un poco preocupada porque temía que la chica se diera cuenta que su mamá casi nunca estaba en casa. Esa mañana, Cristal escuchó la temida palabra "DIF" cuando la traductora trató de explicarles a los gringos qué podría pasarles a los niños descuidados. Cristal decidió que tal vez ella y Fina ya no deberían convivir más tiempo con este equipo porque hacían preguntas muy personales. Tal vez otro grupo vendría la próxima semana. Cristal se despidió del equipo y les agradeció las atenciones que cada uno tuvo con ellas. Luego llamó a Fina para que fueran de vuelta a la casa. Pero Fina no quería perderse los dulces, cuentos, y actividades. "Déjame, Cristal. No me quiero ir todavía," le gritó a su hermana.

"Ven, Fina. Tenemos que irnos," suplicó Cristal tratando de hacer entender a Fina con su expresión. Fina seguía entretenida en sus actividades y no se movía. Cristal decidió irse sola, pensando que como Fina era muy tímida, no platicaría demasiado.

Cristal tomó el atajo al basurero. Sabía que una vez que el equipo se fuera, no habría nada más que comer. Ella esperaba que el comedor estuviera abierto el próximo día, pero ella no podía contar con solo eso. Cristal siguió caminando y recordando que el equipo de gringos les hizo pulseras de pequeñas shakiras y una vez más les habló sobre los colores que representan cada cosa en la vida de Jesús. Como por ejemplo la vida, nieve, cosas malas, y sangre. *¿Por qué hablaban tanto de sangre? ¿Y qué cosas malas había hecho ella?* Cristal siempre intentaba cuidar a Fina, intentaba trabajar para comprar comida y no para robarla, intentaba mantenerse al margen de Mamá y no hacerla enojar. *¿Por qué Cristal y Fina tenían que lavarse con sangre para estar limpios como la nieve?* No tenía sentido para ella. Además, ella siempre estaba hambrienta. *¿Por qué no hablaban sobre Jesús y las cestas de comida y compartían algo más de eso? ¿Y dónde estaba la familia para esta casa? ¿Por qué estaban construyendo los gringos para alguien que ni siquiera vivía allí?*

Cristal estaba tan inmersa en sus pensamientos que no se dio cuenta que Toño estaba viéndola detrás de una mesa de plástico roto. Se detuvo en seco y giró para correr. Pero él era muy rápido y la acorraló fácilmente.

"¿Adónde vas tú sola, gorda?"

"Déjame ir, Toño," ella dijo entre dientes.

"Cuál es tu prisa, gorda?"

"Déjame," ella dijo esta vez más fuerte.

"¿Dónde está tu noviecito? Oh sí, jugando con sus carritos. Llámalo para que venga a salvarte," rio Toño.

"Déjame ir, Toño!" ella gritó. "¡Suéltame!"

Toño se reía de ella que solo provocaba más gritos de Cristal.

Pronto, Cristal escuchó los pasos de los voluntarios que llegaban corriendo al basurero. Pero Toño ya se había ido.

"¿Te encuentras bien?" le preguntaron todos al mismo tiempo.

"Estoy bien," Cristal respondió temblando un poco. "De verdad, estoy bien."

Uno de los miembros más curiosos del equipo dijo, "Tenemos que hacer algo. Regresa al terreno con nosotros, y esperemos a nuestro director."

"No," dijo Cristal. "Tenemos que ir a casa." Ella corrió adonde Fina y la agarró fuertemente de la mano, arrastrándola hacia su casa antes de que ella pudiera protestar en esta ocasión. Entraron a casa, esperando que Iván o Mamá estuvieran pronto en casa.

Capítulo 19

DANIEL

EL sábado por la mañana Daniel y su papá fueron al hospital esperando poder recoger a Mamá y a Memo y traerlos de vuelta a casa. Daniel estaba emocionado y deseaba que sus vidas volvieran a la normalidad.

Mientras Papá entraba al hospital, Daniel hacía la tarea de la escuela y leía su libro. Como pasaba mucho tiempo, Daniel decidió caminar alrededor del estacionamiento. Había otras familias esperando afuera también con algunos miembros dormidos en la banqueta. Unos niños de su edad jugaban con algunos anillos de plástico que encontraron cerca del contenedor de basura, arrojándolos a una rama, viendo quién podría enganchar uno de los más altos. La actividad no era la mejor pero por lo menos tenía algo que hacer para romper el aburrimiento de la espera. Finalmente vio a su mamá y a su papá saliendo lentamente del edificio, pero Memo no estaba con ellos. Daniel corrió tan rápido como pudo para encontrarlos.

"¿Dónde está Memo?" gritó. "¿Por qué no salió Memo?"

"Memo tiene que quedarse más tiempo. El no está respirando lo suficientemente bien por si mismo. Lo pusieron de nuevo en cuidados intensivos," dijo Mamá, intentando no llorar. "Le van a administrar antibióticos más fuertes y controlarán su oxígeno más de cerca."

"Pero ¿por qué no puede regresar a casa? ¿Por qué los doctores no lo estaban monitoreando de cerca toda esta semana?" gritó Daniel, frustrado en un mundo que él no entendía.

"Tenemos que orar para que Dios continúe monitoreándolo donde sea que esté y que los doctores sepan que hacer," dijo Mamá, intentando ser fuerte y contener las lágrimas. "Necesitamos ir a casa y esperar hasta la siguiente hora de visita a las seis de la tarde."

"Pero, ¿Memo estará solo todo el día?" gritó Daniel sin entender. "¿Cómo lo pueden monitorear, si su familia no está ahí? ¡No entiendo!" Daniel gritó.

"Yo tampoco," dijo Mamá, tan cansada de la semana de poco sueño y sin respuestas.

Manejaron a casa. Papá no hablaba pero manejaba como loco, rebasando los autos o conduciendo muy cerca del auto de enfrente, tocando la bocina y desafiando a cualquiera que se atravesara en su camino. Se detuvieron en la Soriana por un poco de despensa y de alguna manera llegaron a casa de forma segura. Papá llevó la despensa adentro y rápido regresó afuera a ocuparse bajo la cubierta del automóvil.

Daniel ayudó a Mamá a acomodar la despensa y después le pidió permiso para irse al comedor. Mamá le miraba a su hijo con cariño. "Sí, mijo. Portáte bien y regresa tan pronto que termine la actividad."

Daniel se echó a correr pero sin andar lejos, de repente escuchó a su Papá gritándole.

"Daniel, regresa aquí. ¿Adónde crees que estás corriendo?" el gritó.

"Mamá dijo que podía ir al comedor," gritó Daniel en un tono irrespetuoso.

"No me hables así," dijo Papá. "¿Por qué necesitas ir al comedor? Acabamos de comprar víveres."

"¿Por qué crees que puedes decirme qué hacer cuando ni siquiera tienes un trabajo real? ¡Y ni siquiera puedes leer!" gritó Daniel. No podía creer que hubiera dicho eso, pero lo había hecho. El se dio la vuelta y corrió. Los ojos de Papá se veían con mucho dolor. Pero Daniel continuó corriendo a todo lo que daba.

Capítulo 20

LA PASTORA PATI

L A pastora Pati y su esposo el pastor Miguel llegaron a la colonia hace unos dos años. Ambos trabajaban duro para mantener a su hijo menor en la universidad y para tener un dinerito extra para sus dos nietos que vivían en la siguiente colonia. Sintiendo el llamado de Dios, decidieron mudarse a la colonia. Su mayor anhelo era poder hacer una buena diferencia en la vida de los más necesitados.

Su nuevo hogar era una casa pequeña pero no les hacía falta. La iglesia estaba a un par de cuadras y contaba con espacio para un comedor. En la iglesia había algunas familias regulares cada semana, en su mayoría mujeres, pero no parecía haber mucho avivamiento en los servicios. Los pastores deseaban conocer mejor a las familias, pero los pocos que asistían parecían estar para marcar su asistencia cada semana como una tarea que había que hacer y no parecían estar muy interesados en los servicios ni en cambiar su vida. Su antigua iglesia les ayudó a proporcionar comidas para algunos de los niños de la zona que no solían tener lo suficiente para comer.

Ese día la pastora preparó el comedor para la comida y las actividades del dia. Ella esperaba que las dos niñas que parecían tan perdidas asistieran a los servicios de ese día. Les preparó una bolsa especial para cada una de ellas con un cepillo de dientes, pasta dental, jabón, champú, pantaletas, calcetas, y algunas barritas de fruta y granola. La pastora también tenía una Biblia para niños con excelentes imágenes que esperaba que la mayor de ellas pudiera leer. Como siempre, la pastora Pati quería ayudar, pero no sabía exactamente cómo. Oraba por las niñas cada noche, preguntándose cómo Dios podía dejar que estas niñas vagaran por el vecindario sin que nadie se preocupara por ellas.

De pronto los niños comenzaron a llegar. Ella les preparó a cada uno un plato caliente de arroz, frijoles, pollo, y una ensalada de mango, sandía, papaya, y plátano. Al principio los niños se resistieron a comer la ensalada de frutas, pero les prometió chicles si se comían todo lo que les sirvió. Entonces cada niño aceptó comerse todo e incluso varios pidieron más fruta.

La pastora esperaba que les gustara comer más fruta y comida que todos los dulces y 'comida chatarra' de las pequeñas tiendas que parecían estar en cada esquina. Aunque la mayoría de los niños parecían tener suficiente para comer, la pastora se preocupaba por su salud. La mayoría bebía bebidas azucaradas y comía dulces con chile todo el tiempo. Ella quería enseñarles a tomar mejores decisiones para cuidar sus cuerpos. Quería que fueran lectores y se mantuvieran en la escuela. También deseaba que fueran lo mejor que pudieran ser para cualquier vida que Dios planeó para cada uno de ellos. Había tantos problemas, demasiadas madres jóvenes, demasiados adultos con diabetes y presión alta, demasiados alcohólicos, y demasiada gente sin futuro y sin oportunidades.

Las dos niñas que esperaba llegaron al último. Supo que sus nombres eran Cristal y Fina, y sabía donde estaba su casa, pero no conocía a la mamá de las pequeñas. La historia que la pastora tenía planeada para ese día era sobre un hombre paralítico quien quería ver a Jesús. Sus amigos lo llevaron a verlo, pero estaba tan llena la casa que no pudieron entrar. Los amigos estaban tan decididos a ayudarlo que lo subieron al techo, hicieron un agujero, y bajaron a su amigo hasta llegar con Jesús. Ella quería que los niños se dieran cuenta y supieran en cómo a veces la gente hace grandes esfuerzos y se sacrifica para ayudar a los demás. Al mismo tiempo ella pensó que ella misma al igual que otros adultos en la iglesia también deberían sacrificarse más para ayudar a los otros. En su mente entraban varias ideas para ayudarles a Cristal y a Fina.

De repente, Daniel entró por la puerta. Parecía que había estado llorando, pero estaba poniendo una cara valiente.

"Estoy contenta de que viniste, Daniel. Ve y prepárate un plato, todavía hay bastante comida. Disfruta un buen plato y después únete con nosotros," le dijo la pastora. Tenía curiosidad sobre lo que había ocurrido, pero no quería avergonzarlo. Siguió con el servicio y contando la historia. Les pidió a los niños que dibujaran una imagen de ellos ayudando a un amigo. Para los que pudieran escribir, les pidió que escribieran acerca de su dibujo. Luego ellos podrían compartir sus ideas. Mientras los niños estaban ocupados, se acercó para platicar con Daniel quien aún continuaba comiendo en la mesa.

"¿Te encuentras bien?" le preguntó, al mismo tiempo notando lo que parecía los restos de un ojo morado.

"Sí," dijo Daniel, intentando no hacer contacto visual.

"Sabes que puedes platicar conmigo sobre lo que sea," dijo la pastora. "¿Alguien te hizo enojar?"

"No," Daniel dijo, "sí," balbuceó inmediatamente. "Mi hermano Memo es el favorito de Mamá y Papá, y todo lo que ellos quieren de mí es que yo haga los mandados y el quehacer," dijo con cara de enojo. "Además ahora Memo se encuentra en cuidados intensivos nuevamente y no vendrá pronto a casa. Estoy molesto con Dios porque Él no lo ha sanado como yo le he pedido, y dejé que me robaran mi patín." Daniel sollozó, y los otros niños empezaron a mirarlo.

"Vamos afuera Daniel y platiquemos de todo esto," dijo la pastora.

Cuando estaban afuera, le preguntó suavemente a Daniel, "¿Cuándo se enfermó Memo?"

"El sábado pasado cuando olvidé mi patín del diablo afuera de casa, y se lo robaron, entonces Dios hizo que Memo enfermera. Yo siempre me ocupo de Memo, pero olvidé el patín del diablo solo un minuto y cuando me di cuenta ya se lo habían llevado. Ahora Dios me está castigando llevándose a Memo, Papá mintió sobre ir a trabajar, y además él me obliga trabajar todos los días."

"Oooo, Daniel, con calma, mijo. Pienso que tal vez necesitamos aclarar algunas cosas. Primero, lamento mucho la pérdida de tu patín. Estoy segura que no querías que le pasara nada. No creo que Dios te esté castigando por eso. Apuesto a que tu Papá se siente frustrado con el robo de tu patín porque quiere ayudarte a ser responsable. Estoy segura que tu papi trabajó arduamente para comprártelo."

"¡Pero realmente no va a trabajar!" Daniel gritó. "Toño me dijo eso."

"Oh, ese Toño está siempre causando problemas. Sabes que a veces tenemos que aprender en quien podemos confiar, eso es parte de ser maduro. Dios quiere que amemos a todos, pero necesitamos estar en guardia por las "serpientes." Me temo que Toño es una de esas serpientes. Dios quiere que él cambie, pero por ahora, Toño no escucha a Dios. La cual es una buena razón para que no escuches a Toño. ¿Entiendes?"

Daniel dijo que sí con la cabeza. Recordaba como Toño siempre lo molestaba y lo agredía. No sabía cómo evitarlo o qué decir cuando lo tenía de cerca. ¡Él lo hacía enojar! También pensó en Cristal y la manera en que Toño la agrede y se molestó de nuevo.

"El es malo con Cristal, también," él susurró.

"Gracias por decirme eso, Daniel. ¿Toño tuvo algo que ver con lo que te sucedió a tu ojo?" preguntó la pastora.

Daniel agachó la cabeza y no quería responder. Cuando se sintió más calmado, Daniel dijo que sí con la cabeza. Se sintió mal por las palabras hirientes que le había dicho a su papá. Tenía miedo de ir a casa. "¿Qué puedo hacer?" dijo Daniel.

"Terminemos aquí, y caminaré a casa contigo," dijo la pastora.

Regresaron al salón y algunos de los niños compartieron ideas sobre cómo ayudar a sus amigos. Varios contaron algún sacrificio pequeño que ayudó a otro. Una niña dijo que compartía su botana en la escuela con una amiga que no tenía dinero para comprar su merienda. Otro niño dijo que él había leído su libro en voz alta para su hermanito mientras su mamá cocinaba. Alguien más dijo que tenía una tía quien trajo sus útiles escolares del otro lado, y ella los compartió con una amiga que no tenía nada.

Entonces Cristal dijo, "No sé que puedo hacer, pero alguien me ayudó a espantar a un niño acosador que intentaba ser malo conmigo. Él se sacrificó para ayudarme"

La pastora sonrió. Estaba conectando los puntos de la historia de los dos niños. "Aprecio mucho sus buenas ideas. Voy a desafiar a los adultos a pensar en lo que también pueden hacer para ayudar a otros."

Después de que todos los niños se fueron la pastora les entregó las bolsas a Cristal y a Fina y las abrazó. En esta ocasión Cristal no estuvo tensa. Luego la pastora y Daniel caminaron hacia la casa de Daniel.

Cuando llegaron a la puerta de la casa, Daniel dejó que la pastora tocara y esperó a que Mamá y Papá vinieran a la puerta. Parecían confundidos cuando vieron a Daniel ahí.

"Buenas noches. Daniel me contó que Memo está de nuevo en cuidados intensivos. Quiero que sepan que estaré orando por él y por la familia. También quiero que sepan qué hijo tan maravilloso tienen. No estoy segura si saben exactamente qué le pasó a Daniel en su ojo, pero él estaba protegiendo a una niña de un niño acosador."

"Daniel, ¿por qué no nos contaste lo que sucedió? Nosotros pensamos que estabas jugando con ese Toño," dijo Mamá mientras ella lo abrazaba.

"Creo que Daniel también tiene algo que decirle," le dijo a Papá.

Daniel tuvo que intentarlo un par de veces antes de que las palabras llegaran. Finalmente dijo, "Toño me dijo que realmente no estabas trabajando, que me hacías hacer todos los mandados, y que realmente tú no querías trabajar. Siento haberle creído. Yo sé que él es malo, lo siento Papá," sollozó Daniel y se tiró a los brazos abiertos de Papá.

"Me gustaría ir a orar por Memo al hospital. ¿Cuándo es la próxima visita?" les preguntó la pastora.

"Esta tarde a las 6," dijo Mamá.

"Estaré ahí," dijo la pastora. Silenciosamente los dejó para que resolvieran sus malentendidos mientras ella misma intentaba organizar sus ideas para Pastor Miguel.

Capítulo 21

LOS PASTORES

El sábado por la noche, después de visitar a Memo en el hospital, la pastora Pati se sentó a platicar con su esposo Miguel. El estaba preparando el sermón para el servicio del día siguiente. El era un buen hombre. Miguel había trabajado en el otro lado de la frontera cuando estaban recién casados, y fielmente enviaba a casa todas sus ganancias. Él asistía a la clase de inglés en una iglesia americana. Antes de cada clase el pastor compartía una meditación y poco a poco su mentalidad fue cambiando. Dios ya no era un ídolo ni una estatua. Miguel tenía el espíritu de Dios adentro y siempre ponía a Dios primero en su vida. Cuando él y Pati decidieron formar una familia, Miguel decidió cambiarse de trabajo y regresar a México. Él ya no era el típico hombre machista, y Pati estaba tan agradecida con él y con Dios por el cambio que solo Dios puede hacer.

"¿Podemos hablar?" preguntó ella. Él le sonrió, pero realmente no deseaba dejar de hacer lo que estaba haciendo.

"Sí," respondió con paciencia.

"Creo que Dios está llamándome, o más bien llamándonos, para hacer algo más, algo diferente para ayudar a la gente. Estoy tan cansada y frustrada de que cuentemos las mismas historias de la Biblia. Nosotros predicamos y la gente escucha los mismos sermones cada semana y al final no hay ningún cambio en nuestra comunidad," dijo Pati mirando el rostro de Miguel con cautela mientras hablaba.

"¿Qué quieres decir?"

"Creo que Dios nos está llamando a poner nuestra fe en acción y desafiar a nuestro grupo a que actúe con nosotros," dijo suavemente.

"¿Qué tienes en mente?"

"Creo que necesitamos tener una reunión de oración con nuestro grupo por la mañana, hablando entre nosotros sobre las necesidades, sus necesidades y las necesidades de la comunidad. Luego podemos pedir varias ideas y discutir cómo podemos poner algunas en acción para poder trabajar juntos y ayudar a nuestra comunidad y sobre todo a los más necesitados."

"¿Qué pasa con mis sermones y tu música?"

"Creo que esta semana deberíamos apagar el sonido y escuchar lo que la gente tiene que decir."

Al principio el pastor miró a su esposa como si fuera una extraterrestre y después pensó que probablemente ella estaba en lo correcto. *¿Qué habían logrado realmente desde que llegaron a este barrio?* Tenían algunos miembros fieles, pero sabía que les faltaba algo más para atraer a más fieles y para causar realmente el cambio que ellos anhelaban, el avivamiento. Él también quería que todos pudieran experimentar lo que él por fin entendió en que Dios no quiere ritos memorizados. Dios quiere una relación personal con cada uno.

Pati le hizo otras preguntas. "Cuando éramos jóvenes, ¿Te gustaba sentarte y escuchar al pastor predicar de las escrituras durante más de una hora no? ¿Por qué asistíamos a los cultos? ¿Era un deber?"

"Creo que sí. Mi mamá me jalaba las orejas." Miguel le sonrió.

"Está bien pero ¿te gustaban los extensos sermones en voz alta que escuchabas cuando te hiciste creyente?"

"Bueno, no exactamente, pero pensaba que teníamos que soportarlo, como si fuera un requisito."

"Escucha este versículo. Me encanta este: Dios te ha mostrado lo que es bueno y lo que el Señor requiere de ti: actúa con justicia, ama la misericordia y camina humildemente con Dios."

Miguel y Pati ambos permanecieron en silencio durante unos minutos, tratando de que el texto tuviera sentido en ellos mismos y en su discusión.

"Pero ¿qué haremos? ¿Cómo actuamos de manera justa? ¿Amar la bondad? ¿Caminar humildemente con Dios?" dijo Miguel con un poco de preocupación. "Sé como el espíritu santo me cambió. Me dio el ánimo, las ganas de querer compartir. Pero no sé cómo contagiar a la gente."

"Dios nos guiará. No tiene que ser tan complicado. Recuerda los dos mandamientos principales en el Nuevo Testamento: amar a Dios y amar al prójimo. Como aquellos que nos mostraron su bondad cuando intentábamos encontrar nuestro camino hacia Dios, podemos hacer lo mismo," dijo Pati.

"Pero, ¿no deberíamos tener algún tipo de plan antes de saltar a la luz con esta idea?" preguntó Miguel con interés.

"Bueno, tengo un punto de partida de cómo amar al prójimo. Tenemos la familia con el niño en el hospital. Podríamos preparar algo de comida para ellos y podríamos ofrecer ayuda para llevar al otro niño a la escuela. También están las dos niñas de las que te he hablado antes," dijo Pati sabiendo la enorme necesidad que había en la comunidad.

"¿No crees que estas familias no piensen que estamos siendo entrometidos? ¿En sus situaciones familiares?"

"Tal vez lo podrían pensar al principio, pero ahí es donde entra la oración. Con la ayuda de Dios, creo que podemos hacer una diferencia en estas familias necesitadas y en las vidas de las familias fieles que acepten ayudar."

"Oremos por eso ahora," le dijo Miguel y le sonrió a su esposa admirable.

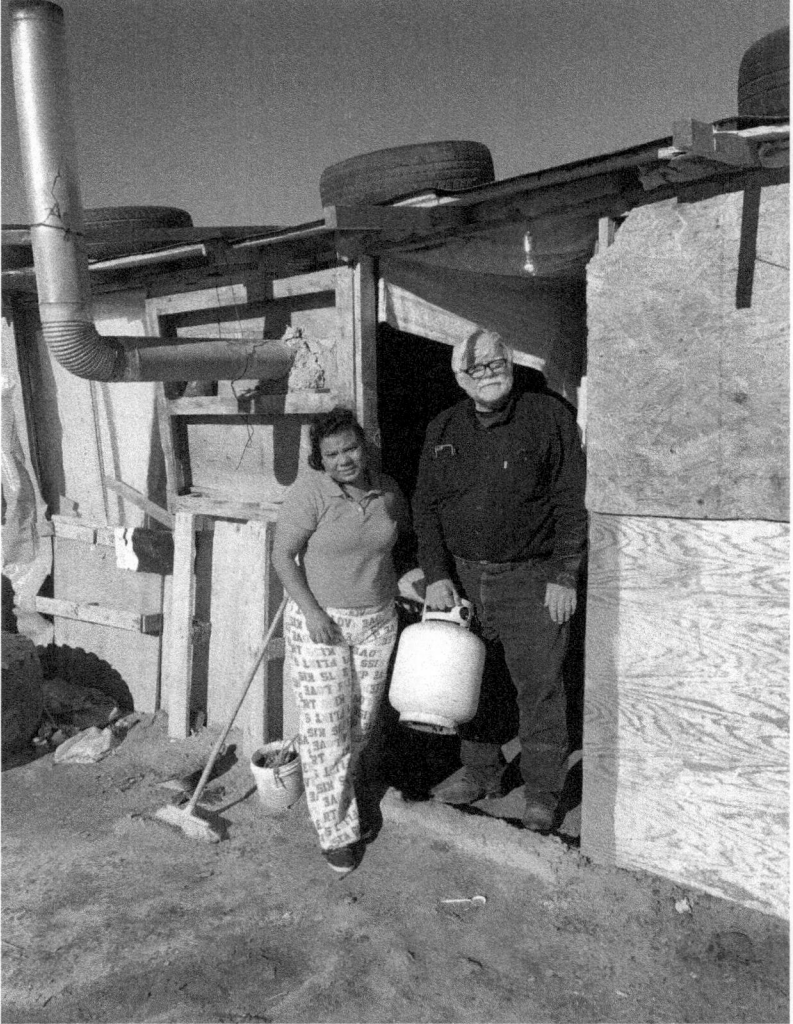

Capítulo 22

UN NUEVO COMIENZO

L A mañana del domingo trajo terribles vientos, llevando nubes de polvo, y haciendo pequeños remolinos por todo el barrio. La pastora llevó un pequeño reproductor de CD y lo instaló en la pequeña capilla, tocando suavemente algo de música cristiana. Después, la pastora llevó los bocadillos que había preparado al pequeño comedor. Luego, atravesando el remolino de polvo, Miguel y Pati se dirigieron a pie a las casas de los pocos fieles para invitarlos a un servicio diferente esa mañana.

Se detuvieron en la casa de Aida e invitaron a sus padres, pidiéndole a Aida que intentara asegurarse de que Cristal y Fina fueran al servicio. También se detuvieron en la casa de Daniel, pero Araceli dijo que necesitaban irse a las once de la mañana para llegar al hospital para la hora de visita y así poder visitar a Memo. Araceli dijo que iría por un rato al servicio. También invitaron a la mamá de Aurora que estaba al lado de la pequeña tienda y algunos otros que conocían en el barrio. Otras familias que dijeron que asistirían eran, una familia cuyo padre trabajaba en la construcción en el otro lado y era un buen cantante, otra familia cuyo papá trabajaba como plomero y electricista pero cuya mamá tomaba demasiado y última otra familia, la mamá era esteticista y el papá era policía en el turno de noche. Ninguna familia perfecta, pero cada una perseverando con valentía.

Finalmente eran las diez en punto de la mañana, muchas de las familias se reunieron aunque el polvo seguía volando. Tal vez estaban curiosos. Estaban sorprendidos de que no hubiera música a todo volumen y se preguntaban en broma si se había apagado la corriente eléctrica. Los niños se quedaron en el comedor a colorear algunos dibujos y a armar algunos rompecabezas mientras los adultos se reunían en el templo. El pastor les pidió que se sentaran en un círculo, comenzó con una oración pidiéndole a Dios que le diera sabiduría. Con un respiro de aliento profundo, empezó a explicarles lo que él y su esposa discutieron la noche anterior.

"He sido pastor por cerca de cinco años pero nunca he estudiado en un seminario. Solo he copiado la forma de predicar que he visto. Anoche mi esposa me preguntó si podría haber otra manera de ayudar a la gente a ser fiel en servir a Cristo. Ella me pidió que leyera del libro de Miqueas con ella. Al principio yo estaba muy seguro de lo que ella me explicaba y al mismo tiempo no quería escucharla. Pero Dios también me habló y me hizo reflexionar y así poder ver las necesidades que hay en nuestra comunidad.

Nuestra fe sin obras está muerta. Así escribió el hermano de Jesús en el libro de Santiago. ¿Cómo podemos proclamar que amamos a Cristo que no podemos ver pero no amar al prójimo que podemos ver? Y no solo amar. Santiago nos desafía a amar en acción, no solo con palabra. ¿Cómo puedo yo gritar los mismos sermones cada semana y pensar que harán una diferencia en nuestra gente, en cada uno de nosotros y en nuestra comunidad? Jesús nunca gritó su mensaje ¿verdad? ¿Cómo es que enseñar las historias bíblicas a nuestros hijos es suficiente? Jesús no solo enseñó en la sinagoga. Hacía algo con la gente, hacía milagros. ¿Qué tal de poner nuestra fe y esas historias bíblicas en acción? ¿Yo me pregunto y les pregunto, ¿Cómo podemos dar vida a nuestra fe?"

Mirando a sus ovejas, el pastor dejó que algo de lo que dijo se quedara. Luego, contó un poco sobre lo que su esposa les había pedido a los niños ayer en el comedor de cómo podrían sacrificarse para ayudar a otra persona. Entonces les preguntó cómo la iglesia podría ayudar a cada uno de los discípulos y luego como discípulos y como pastores de la iglesia, podrían ayudar a la comunidad.

Al principio hubo silencio total, mientras los fieles trataban de hacer sentido sobre la plática del pastor. Había mucho orgullo entre ellos y nadie quiso pedir ayuda. Así que la pastora dijo: "Sé que es diferente y difícil abrirse el uno al otro. Siempre hay tantos chismes entre nosotros que no sabemos en quién confiar. Creo que tal vez primero necesitamos tener un acuerdo, un pacto, que no hablaremos sobre nuestras discusiones con otros fuera de la iglesia. Si alguien tiene una necesidad la platicaremos y, ayudaremos sin decírselo a nadie que no tenga que ver en el asunto." Muchos movieron sus cabezas en acuerdo. Sería difícil no chismear entre ellos y otros en la comunidad. Pues *¿De qué más había que hablar en este barrio?* Chismear era un pasatiempo entre los residentes de ahí.

Con valor, la mamá de Aurora dijo, "Tengo un gran problema en la tienda con un niño tratando de robarme mi tienda. Creo que su nombre es Toño. Siempre trata de distraerme bromeando con Aurora. Entonces cuando me fijo en ella, él agarra algo y corre sin pagar. ¿Es ese el tipo de cosas que quieren decir?"

"Si, exactamente, gracias," dijo la pastora. "Eso es exactamente lo que quiero decir. Hablemos acerca de Toño y ver cómo podemos ayudar. Recordemos que no hablaremos de nada de esto fuera de aquí. No permitamos que la mano izquierda sepa lo que hace la mano derecha."

Rápidamente en medio de la discusión, Araceli se disculpó y se fue al hospital. La pastora les platicó a los demás sobre la situación difícil de Aracely y los retó a que pensaran en algunas formas de poder animar a Araceli mientras Memo estaba en el hospital. Tratándose de enfocarse en una necesidad a la vez, Pati regresó al grupo de vuelta a la discusión sobre Tono.

"Siempre trato de asustarlo con mi placa y uniforme," dijo el policía sonriendo.

"Pero no parece tener miedo de eso," dijo su esposa. "Dónde están sus padres?"

Nadie parecía saber a ciencia cierta sobre Toño. El papá de Aida dijo que la familia de Toño vivía a unos cuantos pies de su casa. "Creo que su papá trabaja conduciendo un camión y se va por días a la vez. Su mamá parece no poder controlarlo, y mucho menos ahora que lo expulsaron de la escuela."

"Tal vez necesita un trabajo."

"Tal vez necesita ir a la detención juvenil."

"Hace mucho tiempo que alguien debió darle una buena tunda."

Todos parecían conocer a Toño y tener una opinión sobre él. El carácter de Toño, había sido un problema durante mucho tiempo. Pero ahora el problema se estaba haciendo mayor y se estaba convirtiendo en un problema más grave. La pastora tristemente pensó en lo que debieron haber estado haciendo para ayudar a Tono. Entonces ella dijo, "No podemos cambiar el pasado, pero podemos ayudar a mejorar el presente. ¿A quién le gustaría ir conmigo a hablar con la mamá de Toño?"

La mamá de Aida dijo, "Yo puedo ir. No sé como ayudar, pero puedo ir para apoyarla."

"Gracias," dijo la pastora. "Ahora, ¿quién puede compartir un plato de comida con Araceli esta tarde cuando regresen del hospital?"

La mamá de Aurora se ofreció rápidamente. Entonces la pastora dijo, "Gracias por el buen comienzo. Esto es exactamente el propósito del cambio que estamos proponiendo en nuestra iglesia, ayudar a los más necesitados". Pati también compartió su preocupación por Cristal y Fina.

La mamá de Aida respondió, "Ellas también tienen un hermano mayor que se llama Iván."

"No sabía eso. ¿Dónde se queda?" dijo Pati.

El policía respondió, "Mi amigo en la siguiente colonia es mecánico. Iván pasaba el tiempo con él, ayudándolo en su tienda."

La pastora dijo, "¿Podrías ir conmigo o con mi esposo a conocer a Iván y a tu amigo?"

Pronto se juntaron algunos planes simples para dar el primer paso para mostrar el amor de Dios de manera práctica. Oraron para que Dios los guiara y prometieron reunirse nuevamente el miércoles por la noche para ver cómo iban las cosas en plan. La pastora fue a trabajar con los niños y esta vez la mamá de Aida y la mamá de Aurora se quedaron para ayudar y pasar tiempo con los niños. Incluso el policía les preguntó si podía jugar fútbol con ellos después de su actividad religiosa. La convivencia y planes de esa mañana había sido una de las mejores en mucho tiempo. Tal vez era la mejor. Había sido una buena mañana.

Capítulo 23

DANIEL

Cuando los padres de Daniel y Memo llegaron a la visita del mediodía, Memo estaba sentado y respirando con unos tubitos de oxígeno en las narices. Mamá y Papá parecían estar aliviados. Esperaban poder llevarlo de regreso a casa el día siguiente. Afuera en el carro, Daniel odiaba pensar que su hermanito se quedara solo allí una noche más. No parecía justo y le parecía espantoso.

Pero Memo no salió esa vez con Mamá y Papá. Memo se quedó otra vez solito. Daniel podía ver la preocupación de Mamá en su cara y él se preocupaba más.

Mientras conducían a casa, Mamá habló un poco sobre lo que se dijo en la iglesia esa mañana y teniendo cuidado de no chismear, pero queriendo ayudar, le preguntó a Daniel más acerca de Toño.

"Él es un bully. Antes siempre me molestaba, pero ahora no solo me molesta es cruel conmigo y con Cristal también."

"¿Por qué no va a la escuela?" preguntó Mamá.

"No puede leer," dijo Daniel. "Es un estúpido."

"¡Daniel! No porque no sepa leer quiere decir que sea estúpido," dijo Mamá con firmeza. "Y además sabes muy bien que no usamos esa palabrota. Probablemente hay una buena razón por la que no puede leer." Araceli no sabía por qué su esposo tampoco podía leer, pero bien sabía que ¡no era un estúpido! Él podía manejar todo relacionado con el dinero y sabía cuánto material comprar para proyectos de construcción. ¡No era un estúpido!

Daniel agachó la cabeza, y se fueron en silencio hasta la casa. Cuando llegaron a casa, la mamá de Aurora esperaba a la familia con una sartén de arroz y un plato de flautas con lechuga y con crema encima. ¡Que agradable sorpresa!

"Mil gracias, vecina," todos dijeron. Las dos madres se abrazaron.

"¿Cómo está tu hijo?" preguntó.

"Esperamos que pueda volver a casa mañana," dijo Mamá.

Se sentaron a comer, hicieron una oración de agradecimiento, y pidieron ayuda para Toño y Memo. Pero, apenas llevaban un bocado e inmediatamente recibieron una llamada del hospital. Memo estaba siendo trasladado a una habitación normal, y alguien tenía que estar con él inmediatamente. Se devoraron la comida y se fueron de vuelta al hospital. Todos estaban contentos de poder ver a Memo otra vez y poder pasar la noche con él. No sabían quién iba a pasar la noche con él, pero no les importaba en ese momento. Solo querían ver a Memo. Decidirían quién se quedaría cuando llegaran.

Capítulo 24

LA PASTORA

L A pastora Pati, Aida y su mamá caminaron lentamente hacia la casa de Toño. Llamaron a la entrada de la casa, golpeando con una piedra el poste y diciendo "buenas tardes" en voz alta. Un perro asustadizo estaba encadenado junto a la entrada y comenzó a ladrar y gruñir. Cuando estaban a punto de irse Toño apareció por la calle.

"No hay nadie en casa," les gruño casi igual como la bienvenida que les dio el perro.

Se quedaron viendo a Toño, dándose cuenta de lo mucho que había crecido desde la última vez que lo vieron.

"¿Está tu mamá?" le preguntó la pastora.

"No, se ha ido a cuidar a mi abuela."

"¿Cuándo regresará?"

"Tal vez mañana."

"¿Y tu papá?"

"No lo sé."

No le creyeron, pero no tenían idea a donde podrían estar sus padres.

"Toño, ¿necesitas algo?" preguntó la pastora.

"Papá me cuida," dijo enojado.

Sin más opciones, las tres caminaron de regreso a la iglesia. Pensaron que les hacía falta un hombre para ayudar con esta situación.

Los niños estaban terminando un divertido juego de fútbol con el policía siendo el entrenador y el árbitro.

"Pastora, estas niñas son buenas jugadoras. Tal vez podríamos formar un equipo de fútbol femenino y tal vez podríamos jugar con un equipo de la siguiente colonia," dijo el policía entusiasmado.

La pastora sonrió al ver las caras entusiasmadas de las niñas, incluso Cristal diciendo, "Sí, sí" junto con las otras niñas.

"¡Qué buena idea! ¿Por qué las chicas no podrían tener un equipo? Pero por el momento, ¿Podrías ir conmigo para tratar de encontrar a Iván? Me gustaría hablar contigo sobre Toño, también."

El policía estuvo de acuerdo. A él también le preocupaba Toño y varios jóvenes que parecían buena pesca para una pandilla.

Mientras los niños ayudaron a recoger el comedor, Pati agradeció y despidió a cada una de las mujeres, y una por una fueron con sus hijos a sus casas. Cristal y Fina partieron en dirección opuesta y caminando más lentas que todos.

[[popsicles10.jpg]]

Capítulo 25

DIF

CRISTAL y Fina regresaron a su casa con sus bolsas especiales que les había dado la pastora. Estaban felices y bien comidas. Platicaron entre ellas a donde esconderían sus cosas para mantenerlas fuera de la vista de Iván y su mamá. Además de esa plática también cantaban partes de las canciones que estaban aprendiendo en la iglesia. Ya casi llegando a su casa dieron vuelta en la esquina cuando una camioneta del DIF se detuvo. Las niñas se congelaron. ¿Dónde estaba Mamá? ¿Dónde estaba Iván? Cristal agarró la mano de Fina y comenzó a caminar rápidamente, pero un hombre con una camisa blanca con las letras 'DIF' escrita saltó de la camioneta y las agarró a ambas.

"¿Adónde van, señoritas?" dijo. "No tan rápido, ¿dónde está su mamá?"

"No lo sé," Cristal dijo en voz baja.

"Necesitamos que ustedes dos vengan con nosotros," dijo, y las dos niñas empezaron a llorar implorándole al hombre que no se las llevaran. Las puso en la camioneta y cerró la puerta. Las puertas tenían seguros infantiles, y no podían abrirlas desde adentro. Una señora estaba conduciendo, pero ella ni siquiera las tomó en cuenta. Cristal y Fina se aferraron una a otra sin idea para donde iban.

Capítulo 26

EL POLICÍA

JESÚS se llamaba el policía, pero todos lo llamaban Chuy y ahora la mayoría de los niños de la iglesia lo llamaban el poli, su apodo por ser policía y entrenador del equipo femenino de fútbol. Chuy era el menor de diez hermanos. Había crecido en otra colonia no lejos de ahí y todavía visitaba a su mamá todos los domingos por la tarde. Tendría que llegar un poco tarde ese día. Desde que se convirtió en papá, se dio cuenta de lo increíble que era su mamá. ¿Cómo pudo su mamá con sus propios diez huercos, también apartar tiempo para otros niños del barrio? Con solo dos hijos, Chuy y su esposa estaban demasiado atareados.

Recordando su niñez, Chuy pensó en su papa. Nunca golpeó a su mamá y siempre mantuvo un trabajo estable, pero fue su mamá quien los mantuvo a todos unidos. Con el esfuerzo de los dos, todos sus hermanos terminaron la secundaria, dos finalizaron la prepa y uno graduó de la universidad. Cada uno de ellos se sentía como si fuera el favorito de Mamá. Recordaba y sabía lo orgullosa que estaba su mamá cuando él se graduó en la academia de policía.

Chuy había perdido a su papá hace un par de años por complicaciones de la diabetes y el alcohol, pero su mamá continuó apoyando a sus hijos y a cada niño necesitado que cruzó por su camino. Ella a menudo hablaba con él sobre cómo ayudar a los jóvenes de la colonia a mantenerse alejados de las drogas y de las pandillas y cómo mantener a las niñas en la escuela para no quedar embarazadas a edad temprana. Ella también estaba muy preocupada por sus propios nietos. Había más actividad de pandilla con mucha más violencia. Ella no entendía mucho de lo que son las redes sociales pero sabía que eran otra tentación del diablo.

Chuy caminó con la pastora hacia la casa de su amigo Jairo. Jairo y él habían crecido juntos. Como Jairo había perdido sus padres a muy corta edad, la mamá de Chuy lo invitó a vivir en su casa mientras él terminaba sus estudios. Con el apoyo de la familia, Jairo terminó la secundaria y aprendió bastante sobre la mecánica y muy pronto pudo abrir un pequeño taller mecánico cerca de la casa de Chuy y su mamá. Comenzando con herramientas usadas que encontraba en de las segundas, y las fue reemplazando lentamente con mejor calidad a medida que crecía su negocio.

Una vez, un tipo generoso que venía del otro lado se detuvo para ver a Jairo trabajar en su taller de mecánica. Tal fue su impresión que le regaló y le dio un nuevo juego de llaves. De ese dia en adelante, aproximadamente una vez al año, el hombre regresaba de nuevo y le daba a Jairo otras herramientas nuevas, como por ejemplo un escáner de diagnóstico por computadora para ver qué funcionaba mal en el motor. Aunque Chuy se mudó a una nueva colonia, él y Jairo continuaban siendo buenos amigos. No se frecuentaban mucho, pero se dieron cuenta de que Dios los bendijo a ambos en un área difícil donde muchos niños no lo lograban. Se ayudaban del uno a otro e incluyendo a sus familias cuando era necesario.

Cuando Chuy y la pastora se acercaron a la casa de Jairo, podían escuchar la música que venía de la casa donde creció Chuy. Para la impresión de Pati, la música era música de alabanza. Chuy sabía que su mamá tenía su propia iglesia ese día en casa con algunos vecinos. La mayoría de sus sobrinas y sobrinos llegarían pronto, y su mamá tendría una gran olla de pozole cocinando o tal vez tamales. En la casita de enfrente, Jairo estaba sentado en el patio en la sombra. Les saludó, y Chuy hizo las presentaciones, diciéndole el motivo de la visita. Iván era buen ejemplo del tipo de niño que le preocupaba a la mamá de Chuy. Por eso Jairo rápidamente había intervenido en su vida.

"Iván es un buen niño," dijo Jairo. "Aprende rápido. Puede cambiar el aceite más rápido que yo y ya está diagnosticando problemas con poca información. Ahorita regresa. Lo envié a la tienda para traer una Coca."

"¿Sabes algo de su familia?" Chuy preguntó con interés.

"Nunca habla de ellos, pero ¡siempre tiene hambre!" rió Jairo. "Trato de alimentarlo bien mientras él está aquí, y tu mamá lo ayuda como siempre lo hace con la gente necesitada. ¿Qué habría hecho yo sin su ayuda cuando tenía la edad de Iván?" dijo Iván tratando de no llamar la atención con sus sentimientos.

La pastora sonrió y dijo, "Estamos realmente agradecidos por todo que estás aportando a Iván y al mismo tiempo muy preocupados por sus pequeñas hermanas. Pasean caminando por todo el barrio completo todo el día, también siempre hambrientas y son más vulnerables que Iván."

"Ni siquiera sabía que él tenía hermanas," dijo Jairo sorprendido.

"También hay otro chico que nos está preocupando, especialmente en relación con estas niñas. Se llama Toño. ¿Por casualidad lo conoces?"

Jairo frunció el ceño y dijo," Creo que él es el que golpeó a Iván antes de que Iván empezara a venir aquí. ¿Un niño grande y alto?"

"Si, probablemente es el mismo. No sabemos cómo ayudarlo. ¿Alguna idea?" preguntó la pastora.

"Bueno, sé que queremos salvarlos a todos, pero algunas veces algunos de ellos son cabezas duras que solamente la correccional puede obtener su atención. Estoy haciendo todo lo que puedo por Iván, pero no quiero a Toño rondando por aquí cuando ya logré que Iván confiara en mí. Veré qué más puedo averiguar sobre la familia de Iván y te diré si puedo ayudar más de esa manera. Tengan cuidado con Toño, él puede ser peligroso."

Capítulo 27

LA PASTORA

LA pastora Pati estaba manejando hacia el hospital con la esperanza de llegar a tiempo para ver a los padres de Daniel y así poder ingresar a la unidad de cuidados intensivos para orar por Memo. ¡Qué día tan largo! Pero estaba tan contenta y agradecida con la respuesta de la gente de la iglesia esa mañana, pero aún más feliz por la respuesta de su esposo la noche anterior. Era difícil creer que un hombre escuchara una idea de una mujer y mucho menos de su esposa. Había sido grandioso y pudo sentir la mano de Dios obrando hoy en sus vidas. Era increíble que Chuy se hubiera unido a la causa para ayudar a los niños de la colonia. Ahora tenían otra conección con el hermano de las niñas, otra parte del cuerpo de Cristo en la lucha por los perdidos.

Cuando llegó al hospital infantil, la pastora se estacionó a un lado e inmediatamente vio a Daniel llorando y corriendo hacia ella.

"¿Qué sucede? ¿Dónde están tus padres? Dime, ¿qué está pasando Danielito, cual es la causa porque lloras?"

"El DIF se ha llevado a Cristal y a su hermana," sollozó." Las llevaron al interior del edificio del DIF y no me dejaron hablar con ellas."

La pastora lo abrazó fuerte, mirando el edificio del DIF y tratando desesperadamente de pensar qué hacer. "Dónde están tus padres?"

"Adentro visitando a Memo."

"Quédate aquí y déjame ver qué puedo hacer por Fina y Cristal." Hizo una leve pausa y dijo, "Señor ayúdame."

La pastora tocó la puerta de entrada del edificio del DIF. Después de una larga espera, un hombre joven abrió la puerta.

"No está permitido el acceso," dijo.

"Me gustaría hablar con un supervisor acerca de cómo ayudar a las dos niñas que fueron traídas hoy."

"No está permitido el acceso," dijo el joven una vez más.

"No tengo que entrar. Por favor, ¿Puedes ir por tu supervisora a cargo?"

El joven cerró la puerta, y la pastora Pati esperó. Podía ver a Daniel caminando abatido en la banqueta frente al hospital. Estaba oscureciendo y los visitantes del hospital comenzaban a irse. Después de un rato que le parecieron horas, finalmente escuchó un movimiento detrás de la puerta. Se abrió y una mujer de su misma edad miró hacia afuera.

"Yo soy la pastora Pati, soy la pastora de la iglesia en la colonia donde las dos niñas que trajeron hoy viven. Me refiero a Cristal y Fina. Quería saber si nuestra iglesia podría ayudar a mantener a estas niñas en casa."

La supervisora lucía muy cansada. Su ropa estaba arrugada por estar en servicio desde la noche del viernes. Los largos turnos del fin de semana eran agotadores. Ella contaba los minutos hasta que el siguiente trabajador entrara en servicio. Ella no sabía qué pasaría con esas pobres niñas.

"Estoy segura de que sabes que no puedo decirte quién está aquí ni dar información sobre nuestros casos. Tendrá que ir a la oficina principal del DIF mañana por la mañana para presentar una solicitud de información. El juez tendrá que decidir si usted es considerada un contacto familiar o no."

La plática burocrática no le estorbó a la pastora y le dijo, "Estoy segura de que tienen más niños aquí de los permitidos por la ley y que probablemente usted haya estado en servicio más de lo aceptable por los estándares de cuidado infantil. También estoy segura de que permitir que dos niñas pequeñas se queden en un hogar lleno de amor con alimentos y recursos aliviaría la carga de todos los involucrados aquí incluyendo a usted. Tengo curiosidad sobre ¿Quién te dijo que fueras a recoger a las niñas el domingo por la noche?"

La supervisora suspiró. "Es que había una señora estadounidense poniendo quejas en la aduana de la frontera por las terribles condiciones en que el gobierno estaba permitiendo a los niños mexicanos. Las niñas ya estaban en nuestro radar, y los superiores prometieron que irían a buscarlas esta noche."

"Nuestra iglesia quiere acogerlas," dijo Pati. "Ellas se pueden quedar con mi esposo y conmigo, y las familias de nuestra iglesia se asegurarán de que tengan comida y ropa. Queremos que entren en la escuela tan pronto como hayan aprendido algunos conceptos básicos. ¿Puedo al menos verlas y animarlas un poco? Quiero que sepan que pueden confiar en mí y que yo no tuve nada que ver en esto. ¡Por favor!"

"De acuerdo, pero solamente cinco minutos. Mañana, diríjase a la oficina principal del DIF para comenzar el proceso."

Esa noche manejando hacia casa, la pastora pensaba en que ese domingo había sido tan distinto comparado con otros domingos de servicio. Pensó en el versículo que habían estudiado, "¿Qué requiere el Señor de ti? Amar la justicia, mostrar misericordia y caminar humildemente con Dios." Los holocaustos del antiguo testamento no eran lo que Dios requería, tampoco los servicios de adoración interminablemente largos, sino los sacrificios que se requieren para amarlo y amar al prójimo. ¿No era eso más importante que seleccionar qué canciones cantar? y ¿no era más efectivo eso que su marido predicando versículos de la Biblia en un micrófono, sin hacer un cambio entre la gente? Estaba ansiosa de llegar a casa para platicar con él.

Se encontró a Chuy en su motocicleta cuando iba en camino a su trabajo en el turno de la noche. Pati sabía que Chuy trabajaba de domingo a jueves de 8 p.m. a 8 a.m. Ella siempre oraba pidiendo seguridad para él y por todos los demás en la colonia. Mientras pasaba las casas en ruta a la suya oraba por cada familia: la de Aurora y su pequeña tienda, la de Daniel y Memo, la familia de Aída vecinos de Cristal y Fina, y el hermano Iván. Pasando por la casa de Fina y de Cristal se acordó que no había visto a Iván en la colonia, y tampoco había luces encendidas en su casa. Finalmente llegó a casa, dijo una oración de agradecimiento, y pidió orientación para la siguiente mañana.

Capítulo 28

DIF

En un cuarto dentro del edificio del DIF, Cristal y Fina estaban juntas en una pequeña cama. Era solo la segunda vez que dormían en una cama de verdad. La última vez que habían dormido en una cama fue la vez anterior que estuvieron en una casa del DIF. Esta casa parecía un poco más bonita. Esa tarde les dieron una quesadilla para comer y un vaso de leche. Estaban asustadas, tristes y con ansiedad, pero estaban agradecidas de tener que comer y sobre todo tener un vaso de leche. Empezaron a comer sin mucho ánimo pero la panza les rugía de hambre.

Sin darse cuenta, de un momento a otro la pastora Pati apareció. Las niñas estaban muy contentas de ver una cara familiar y no dudaron en correr a abrazarla. Pati les prometió que haría todo lo posible para sacarlas de ahí y les pidió que se portaran bien y les recordó que Dios estaría cuidándolas y protegiéndolas. Ya con un poco más de confianza, Pati les preguntó por Iván. Cristal sacudió la cabeza de un lado a otro indicándole que no sabía nada de Iván. La pastora ni siquiera se molestó en preguntar por su mamá. No había por qué mencionarla a las niñas como no contaban con ella. Pobrecitas, sin lo básico para una vida normal.

Cristal quería tener esperanzas de poder salir pronto. Aunque realmente no tenían hogar de cariño, era el único hogar conocían. Querían confiar en la pastora pero los adultos nunca cumplían las promesas. Estaba contenta de estar lejos de Toño, pero había otros niños que también le daban miedo en ese lugar. Ella mantenía a Fina con ella cada segundo, y se aseguró de no apartarse de ella durante su baño. Cristal extrañaba su casa pero no extrañaba las condiciones en que vivía. Ahí en el DIF tenían ropa limpia, y hasta agua caliente para bañarse.

Después de bañarse y secarse el pelo, una trabajadora les roció aceite en la cabeza para matar los piojos y liendres que tenían. El aceite tenía un olor horrible y detestable. Sin dar explicaciones la trabajadora les dijo que les peinaría el pelo completamente a la siguiente mañana. Cristal y Fina se aferraron una a la otra, subieron a la cama, y pronto Fina se quedó dormida. Cristal continuaba pensando en el juego de fútbol en la iglesia y el agradable policía que quería comenzar un equipo de niñas. Esperaba que pronto salieran de ese lugar para poder jugar. Ella sabía que ella podría ser una estrella en el equipo y tal vez incluso su mamá iría a verla. Por fin, se quedó dormida soñando con echar un gol.

En la mañana siguiente había una nueva Señora del DIF despertándolas y gritándoles que se vistieran y fueran al comedor. Cristal y Fina se apresuraron junto a los demás niños. Una vez más sin mucho ánimo de comer, desayunaron cereal con leche en un pequeño tazón. Sus días en custodia del DIF eran inciertos y preferían comer cuando había oportunidad para no pasar hambre. La nueva señora se llevó a Cristal y a Fina para afuera en el patio para peinarlas con un peine fino y así poder retirar los piojos y liendres del cabello de cada una. La señora no las peinaba con delicadeza y a un momento, Fina empezó a llorar.

"Tendremos que cortarlo todo tu pelo si sigues llorando, ¡Fina! Quédate quieta y terminamos pronto con esto," la señora les gruñó.

Las niñas se miraron de una a la otra y se tomaron de las manos. La señora echó un poco de aceite por todo el cabello de cada una y les masajeó la cabeza. El aceite olía bien, pero se sentía grasoso. Era una sensación rara que no habían sentido antes. Después de todo el lío de los piojos, Cristal y Fina esperaban que por lo menos ya no tuvieron más comezón. Cristal y Fina se fueron a la sala de televisión hasta que los adulto a cargo pudieran decidir algo sobre su educación.

"¿Qué es eso que huele?" dijo un niño malhumorado que parecía tener la misma edad que Toño.

Cristal lo ignoró, solo esperaba que la pastora llegara pronto. Tristemente llegó la hora de la comida, y ellas continuaban esperando.

Capítulo 29

DANIEL

DANIEL se despertó en su propia cama con Memo pateando su cabeza con el pie. No era ni el dia ni el momento de gritarle diciéndole que lo dejara en paz. Él solo sonrió porque estaba contento de que Memo estuviera de vuelta en casa. Saltó de la cama de buen humor y buscó su mochila. Quería tener todo listo para la escuela, por si Papá tenía tiempo de jugar con ellos, él estaría listo.

Con el mismo humor, le preguntó a Mamá si pudiera ayudarla con algo. Ella le agradeció su entusiasmo y lo envió a comprar tortillas a la tiendita de la esquina. De camino a la tienda, Daniel iba saltando con alegría. Aunque él sabía que tendría que esperar a que se abriera la tienda. Pero para su suerte, de pronto escuchó una motocicleta con un chico gritando que vendía tortillas. El chico tenía una cajita térmica en la parte trasera para conservar las tortillas calientes. A señas daniel detuvo al chico y le compró un kilo de tortillas. Estaban calientitos y recién hechos como las de la tienda. Tal vez Mamá no notaría la diferencia. Sin más razón de ir a la tienda, Daniel se dio la vuelta y regresó a casa, pero en ese mismo instante vio a Toño.

Toño estaba saltando desde la ventana trasera de la tienda de al lado. Tenía una mochila pesada y una cara de culpa. Tan pronto como sus ojos se encontraron con los de Daniel, Daniel sabía que habría problemas y muy graves. Intentó correr, pero fue inútil.

"No, Toño," intentó gritar pero era inútil.

Toño como siempre era muy rápido. Agarró a Daniel y le puso la mano sobre la boca, acercándose a su oreja mientras silbaba. "Tú dices una palabra que me has visto, y tu noviecita será otra pieza de chatarra en el tiradero de basura," le advirtió Toño con un tono agresivo e intimidante.

Sin pensarlo dos veces, Toño le golpeó a Daniel con tanta fuerza en el estómago que Daniel no podía respirar por unos minutos. Daniel trató de alejarse, pero Toño lo empujó al suelo con la intención de seguir lastimándolo. Toño estaba a punto de pisotear la cabeza de Daniel cuando ambos escucharon otra motocicleta. Daniel reconoció a Chuy y supo que estaba a salvo. Toño también reconoció a Chuy, el policía y comenzó a correr a todo lo que daba sin importarle su mochila con la mercancía robada. Esta vez Chuy era el más rápido. Atrapó a Toño, y lo esposó en un instante recordándole que sus acciones no lo llevarían a un buen futuro.

Una vez que Chuy pudo controlar a Toño, se enfocó en Daniel. Lo observó por si tenía heridas y le dijo, "¿Estás bien, mijo? ¿Necesitas ayuda en regresar a casa?"

Daniel negó con la cabeza, recogió su sucia bolsa de tortillas, y caminó tembloroso de regreso a casa.

Capítulo 30

LA PASTORA

LA pastora Pati se levantó temprano como de costumbre. Le preparó un buen desayuno a Miguel y lo llevó a su turno en la maquila. Miguel llevaba unos burritos para el descanso también preparados por su esposa. De vuelta en casa Pati terminó de envolver el último de sus 100 tamales habituales para vender en su puesto de la mañana. Esperaba terminar de vender rápidamente y así poder llegar a la oficina del DIF antes del mediodía.

La noche anterior Pati y Miguel habían platicado sobre la crisis de las niñas y lo que podrían hacer por ellas. Por suerte, tenían espacio suficiente para acogerlas, pero no sabían qué problemas les causaría su madre y cuál sería su reacción. Nadie en la colonia parecía saber sobre el papá. Se preguntaban si la mamá podría estar en casa ahora. Tenían la curiosidad si la mamá de las niñas se preguntaba dónde estaban sus niñas y si a ella incluso le importaba.

Cerca del mediodía, la pastora Pati estaba terminando sus ventas de tamales y empacando sus cosas cuando una joven gritó en su dirección.

"Ey, ¿qué has hecho con mis hijos?"

"¿Puedo ayudarla?" preguntó la pastora con paciencia. La mujer parecía haberse levantado de la cama y haber salido de esa manera a la calle. Llevaba una pantolonera de pijama y una blusa de encaje con escote provocador. Tenía todo el pelo despeinado.

"Mis hijos están desaparecidos, y es tu culpa. ¿Dónde están?"

"Eres tú la mamá de Cristal y Fina?"

"Tu sabes quien soy. ¿Dónde están mis niños? No necesitas estar interfiriendo en mi vida. Mis niños no son de tu incumbencia."

"¿Cuál es tu nombre?" la pastora intentaba no provocarla.

"Solo dame a mis niños," ella dijo más fuerte.

"Yo no tengo a tus niños, las tiene el DIF. Bueno, el DIF tiene a las niñas. No sé nada de tu hijo. ¿Tampoco está en su casa?" dijo Pati con preocupación.

"No he sabido nada de él desde ayer," dijo la señora.

Con la misma paciencia como desde el principio Pati le dijo, "¿Cómo puedo ayudarte?"

"Tú eres quien llamó al DIF, así que ahora ¡no me hables con amabilidad!" le gritó.

Pati trato de explicar diciendo, "No, yo no soy quien llamó," pero fue interrumpida cuando la señora le gritaba.

"Si, ¡fuiste tú! Vi las bolsas y varias cosas que les diste. ¿Qué asunto tienes con ellos? Ellos son mis hijos. ¡Déjalos en paz!"

"Claro que son tus hijos, pero también son mi responsabilidad por el hecho de ser niños y porque como hijos de Dios. Son preciosos ante los ojos de Él," la pastora dijo, y agregando suavemente, "igual de importantes como tú."

"Dios no tiene nada que ver con nosotros, ¡nunca lo ha tenido! Nunca parece estar con nosotros," la señora siguió gritando.

"Creo que Dios hace más de lo que puedes percibir. Pero Él puede hacer aún mucho más si te unes con Él. Con la ayuda de Dios, en nuestra iglesia queremos ayudar."

"No necesito tu ayuda ni la de nadie!" respondió la mamá cada vez más furiosa.

"Señora, ayúdese a sí misma y acepte que necesita ayuda. Si no la quiere aceptar por su lado, acéptala por sus hijos. Ellos son los que realmente están sufriendo en este instante. Permítanos ayudarla y tratar de resolver el caso de las niñas que aún se encuentran en la custodia del DIF. Permítenos ayudar. Ahorita voy en camino al DIF. Quiero tratar de ver a las niñas, darles ánimo, y ver que puedo hacer por ellas."

"¡No te metas en mis asuntos! No quiero que nadie se compadezca de mis hijos." La señora continuaba gritando y se alejó furiosa.

La pastora Pati terminó de empacar sus cosas, fue a dejar todo en su casa, y tan rápido que pudo, se fue a las oficinas del DIF como le había dicho a la trabajadora de la casa. Para su asombro cuando entró a la sala de espera principal, Rubí, la mamá de las niñas, ya estaba allí esperando también.

"¿Qué estás haciendo aquí?" dijo Rubí bruscamente.

"Me preocupo por tus niñas," respondió la pastora.

Una trabajadora social abrió una puerta y llamó, "Rubí Mendoza."

La mamá de las niñas se levantó de un salto y exigió, "¿Dónde tienen a mis hijas?"

Antes de que la trabajadora social pudiera responder, la pastora Pati intervino, "Disculpe, soy la pastora de Rubí y estoy aquí para ayudar. ¿Podríamos ir a su oficina y hablar?"

La trabajadora social abrió más la puerta y las dirigió a una pequeña, y sucia oficina. Rubí no sabía cómo responder a la interferencia de Pati, así que solamente caminó hacia la oficina y se sentó sin casi decir ni una palabra.

"Cristal y Fina asisten a nuestra iglesia regularmente y son niñas muy dulces. Estoy segura de que hay algún malentendido. Nosotros..., quiero decir nuestra iglesia, mi esposo es el pastor, queremos apoyar a Rubí y a las niñas mientras se acomodan para salir adelante," dijo la pastora tartamudeando.

Rubí sabía muy bien que ella no iba a aceptar ningún tipo de ayuda y mucho menos la intervención de la iglesia, pero también sabía que la intervención de Pati podía ser su única esperanza de recuperar a sus hijas. Así que Rubí decidió morderse la lengua.

La trabajadora social miró a Rubí con algo de curiosidad y le preguntó, "¿Es verdad? ¿Ésa es tu iglesia?"

Rubí miró hacia abajo y murmuró, "Tal vez mis niñas asisten algunas veces."

"¿Estarías dispuesta a permitir que la iglesia te ayude a salir adelante?" la trabajadora social siguió preguntando.

Rubí no quería tener nada que ver con ese plan, pero no sabía de qué otra manera podía recuperar a sus hijas. "Sí, por supuesto," dijo tratando de hablar con agradecimiento y emoción.

"¿Qué está dispuesta a hacer tu iglesia?" la trabajadora social le preguntó a Pati.

"Mi esposo y yo podemos quedarnos con las niñas mientras Rubí busca trabajo. Las familias en nuestra iglesia también están dispuestas a ayudar. Nos gustaría ayudar a Rubí también. Tal vez con una despensa semanalmente, con reparaciones de su casa, y si está dispuesta, con una estancia en un centro de rehabilitación para los drogadictos."

"No necesito tu ayuda," respondió Rubí en tono de desaprobación, y molestándose con Pati una vez más.

"Yo sugiero, si quieres ver a tus niñas, intentes cooperar con nosotros y recibas la ayuda que se te quiere dar," dijo la trabajadora social con un tono firme.

Rubí bajó la mirada, pero la pastora podía sentir su enojo. "¿Podrían las niñas quedarse con nosotros hasta que se tome una decisión en lugar de quedarse en la casa del DIF? Estoy segura de que siempre necesitan más camas," dijo la pastora, tratando de persuadir a la trabajadora con amabilidad.

La trabajadora social la miró con ojos cansados y le dijo, "Si, siempre necesitamos camas disponibles. Me permitiría pasar a revisar su casa y conocer a su esposo. Necesito tener pruebas de buena fe de usted y su esposo para así poder recomendar el traslado de las niñas a su casa. ¿Cree que su esposo esté en casa ahora?"

Rápidamente la pastora y la trabajadora social acordaron para reunirse en la casa de Pati a las 6 de la tarde ese mismo día. Rubí parecía no tener poder sobre las decisiones que se estaban haciendo sobre sus propias hijas, pero fue invitada a la casa de Pati para saber el lugar en que estarían las niñas.

"Recuerda que todos estamos del mismo lado tratando de ayudarlas," dijo la trabajadora social.

"¡Dije que no necesito tu ayuda ni la ayuda de nadie! Ustedes hablan como si el DIF alguna vez hubiera ayudado a alguien y hablan de mis hijas como si yo no estuviera aquí. Denme un respiro, son mis hijas, ¡mías! y no necesito que nadie me diga cómo criarlas."

El enojo de Rubí se incrementaba cada vez más. Ella conocía los horrores en las casa del DIF, ya que ella había crecido en una de ellas. "Quiero que mis hijas salgan ahora!" gritó con desesperación.

"Señora Mendoza, necesito que se calme y trabaje con nosotras en esto. Ésta podía ser su última oportunidad de hacer las cosas bien y recuperar a sus hijas."

Rubí salió de la oficina y cerró la puerta de un golpe.

Capítulo 31

LOS PASTORES

CHUY llevó a Toño al tribunal para delincuentes juveniles. Odiaba tener que dejar al chico allí, pero no conocía ninguna otra opción y además era parte de su trabajo. Después del trabajo, Chuy regresó a su casa y le contó a su esposa Nilda sobre su noche en el trabajo y luego se recordó de Daniel. Estaba inquieto por saber sobre la situación de Daniel. Su esposa le dijo que se fuera a la cama a descansar y que ella investigaría la situación de Daniel y llamaría a la pastora para informarle sobre Toño.

La pastora ya casi llegaba en casa cuando se dio cuenta de que su teléfono todavía seguía en silencio desde que estaba en la oficina del DIF. Tenía una llamada perdida de Nilda. Rápidamente comenzó a organizar su casa para las dos preciosas niñas y luego le marcó a Nilda. Mientras platicaban, Nilda le contó sobre la pelea de Daniel y Toño y cómo Chuy pudo intervenir y se llevó a Toño al Tribunal por el robo de la tienda y por el asalto a Daniel.

Una vez más Pati se preguntaba por qué su iglesia no había tratado de ayudar a Toño tiempo atrás, pero al mismo tiempo se recordó a ella misma que lo que pasó, pasó. Ahora se le había presentado la oportunidad de salvar a las dos niñas, y esta vez no les iba a faltar voluntad para ayudarlas. Recordando las palabras de Jairo quien sabiamente decía que no podían salvarlos a todos, la pastora le prometió a Dios que daría su mejor esfuerzo en esta ocasión.

"¿Tienes tiempo para revisar lo de Daniel?" le preguntó la pastora a Nilda.

"Si, no tengo ningún compromiso hasta ahora. Iré a ver a su familia ahora mismo," respondió Nilda.

"Está bien y mil gracias," dijo la pastora, "Le pediré a Miguel que intente encontrar a los padres de

Toño cuando salga del trabajo. Cristal y Fina se van a quedar aquí con nosotros por un tiempo si la trabajadora social del DIF lo aprueba. Si puedes avisarle a los miembros de nuestra iglesia sobre la situación y diles que, nos hará falta algunas cosas para ellas."

"Voy con Araceli primero," dijo Nilda "y después les pediré a los demás que consigan alguna ayuda, pero solo entre los miembros de nuestro grupo, ¿no?"

"Sí, creo que es lo mejor," dijo Pati con gran alivio.

La pastora Pati observó su pequeña casa. La cama de su hijo necesitaría algunas sábanas limpias y algo de privacidad para que las niñas se sintieran cómodas. Tomó una sábana vieja y formó una especie de pared alrededor de la cama usando un hilo de la caja de herramientas de Miguel. Encontró una canasta de plástico para que las niñas mantuvieran su ropa y que la usaran como mesita. Mientras seguía revisando su casa, se dio cuenta que en su baño solo había una toalla extra y necesitaría otras más.

Pati esperaba que Cristal y Fina todavía tuvieran las bolsitas de artículos personales que les había regalado. Comenzó a hacer una lista de cosas que necesitaría para las niñas. Ella sabía que tendría que pedir ayuda a las otras familias con otra toalla, ropa, comida y algunas otras cosas que algunas familias estuvieran dispuestas a donarles a las niñas. Ella sabía que tendría que superar ese sentimiento de vergüenza de tener que pedir ayuda, pero al mismo tiempo esperaba que esa experiencia sirviera de ejemplo a los demás y así animarlos a pedir ayuda cuando fuera necesario. Estaba segura de que los demás integrantes de la iglesia sentían lo mismo y ayudarían con lo que cada uno pudiera. Pati se preguntaba ¿Por qué la gente se sentía de esa manera? ¿orgullo? ¿vergüenza? Eran realmente las mismas palabras, los dos lados de la moneda. Pati decidió enfocarse en lo que tenía que hacer para la inspección de la trabajadora social y esperar la decisión. Una vez que las niñas pudieran vivir en su casa entonces pediría ayuda con necesidades específicas.

El pastor Miguel acababa de llegar a su casa cuando llegó la trabajadora social del DIF. Estaba cansado de estar todo el día de pie, y maniobrando con las láminas de plástico todo el día. Pati todavía no había podido explicarle nada y le pidió a la trabajadora social que le diera unos minutos para hablar con su esposo. Pati y Miguel entraron a la casa para platicar sobre la visita del DIF mientras que la trabajadora social observaba el patio y el vecindario para darse una idea sobre el lugar donde vivirían las niñas. La trabajadora social había visto muchos casos y muchos de ellos peores que el caso de Cristal y Fina.

Pati y Miguel salieron de la casa sonriendo cuando de repente apareció Rubí, obviamente, bajo la influencia de algunas drogas. Sus ojos estaban muy rojos y no podía caminar derecho.

"¿Dónde están mis niños?" gritó Rubí tropezando contra la trabajadora social.

"Quédese quieta, Sra. Mendoza. Así no está ayudando a su caso."

"Por favor, pasen a la casa," dijo Pati sosteniendo la puerta para la trabajadora social y a Rubí.

El pastor Miguel trató de calmar la situación. "Yo soy el pastor Miguel, el esposo de Pati. Queremos ayudar, por favor déjenos ayudarle a usted y a sus niñas," le dijo suavemente a Rubí.

"¡No necesito tu ayuda, ni la de Pati y mucho menos la del DIF! Solo necesito a mis hijos de regreso, son míos," ella trató de gritar, pero no podía articular sus palabras por causa de las drogas que había consumido recientemente.

"Escuche, Rubí," dijo el pastor Miguel. "Nosotros queremos ayudar, queremos ayudarle a cuidar a sus niñas mientras usted pone su vida en orden. Aquí podemos cuidarlas y aquí es donde puede verlas fácilmente todos los días. Si el DIF las detiene, solo podría verlas en ciertos momentos y en ciertos lugares. Ahora también tiene que entender que cuando usted se presente bajo la influencia de drogas, usted no podrá ver a sus hijas. No puede ser buena madre para ellas en esta condición. Permítanos ayudarla."

Rubí comenzó a agitar el puño, pero perdió el equilibrio y tropezó con el auto de la trabajadora social.

"Por favor, vayase a casa, descanse y cuando se sienta mejor, puede regresar a nuestra casa más tarde, y probablemente las niñas ya estarán aquí," dijo la pastora Pati llena de esperanza, mirando a la trabajadora social.

"Déjeme encaminarle a casa," dijo el pastor Miguel.

Rubí no respondió y se fue de ahí enojada, tambaleándose mientras caminaba.

Una vez que Rubí se había ido, los tres se enfocaron en la inspección de la casa. La trabajadora social admiraba la paciencia y respeto que mostraron los dos pastores con Rubí. En su trabajo, trataba todo el tiempo con mamás enojadas y siempre era una lucha no reaccionar ante las emociones de las madres.

"Estoy muy impresionada con la manera en que los dos trataron a la señora Mendoza," dijo la trabajadora social. "Me gustaría tener otras parejas como ustedes para cuidar a los niños del DIF. Voy a ver si pueden traerles las niñas esta misma noche si creen que están listos."

"¿Sería posible que las recogiera yo?" preguntó Pati.

"Creo que sí. Gracias por ofrecer."

Inmediatamente los pastores dijeron que estaban listos y emocionados para recibir a las niñas del DIF y firmaron los papeles oficiales con un poco de ansiedad pero con tanta emoción.

Cuando ya se había ido la trabajadora social, Miguel decidió ir rápido a la casa de Toño con la esperanza de encontrar a alguien allí esa noche antes de ir a la casa del DIF. Miguel llamó a la puerta del Toño pero nadie parecía abrir. Estaba a punto de darse por vencido cuando escuchó el ruido de un camión que se acercaba a la casa. Un hombre alto con un sombrero sudoroso se bajó, con una gran lata de cerveza en su mano.

"A quién está buscando?"

"¿Es usted el papá de Toño?" preguntó el pastor.

"¿Qué hizo ahora? ¿Quién es usted? ¿Un metiche?"

"Soy el pastor Miguel y…"

"No me interesan sus folletitos. Salga de aquí."

"No estoy aquí con folletos, señor, Toño está en el tribunal. Solo quería que alguien lo supiera."

"Su mamá tiene y debe estar aquí mañana para encargarse de ese asunto, ahora váyase, este no es asunto suyo," le señaló con la lata de cerveza mientras hablaba.

"¿Cuándo estará su esposa en casa?"

"¡Dije que no es asunto suyo!" gritó esta vez. Las manos del señor parecían un poco temblorosas mientras trataba de abrir la puerta de la casa. El perro grande no lo alcanzaba por su cadena pero un perrito chihuahua hambriento corría alrededor de sus pies, y lo pateó mientras entraba a la casa.

Miguel decidió regresar al carro, listo para su próxima misión. Se sentía triste por Toño ¿Cómo alguno de estos niños pudieran salir adelante sin la ayuda de sus padres?

Capítulo 32

CRISTAL Y FINA

Cristal y Fina habían pasado una larga tarde en la casa del DIF. Aunque ellas veían tele, leían libros, y hacían algunos rompecabezas que les faltaban algunas piezas, no estaban acostumbradas a estar encerradas por tanto tiempo sin salir a la calle. A las cuatro de la tarde les dieron un bocadillo de jamón con una rebanada de papaya. Eso les recordaba a la pastora. Se preguntaban ¿Por qué no había venido a verlas? Trataron de ser pacientes y optimistas, ya que la pastora les había prometido regresar. A las siete de la tarde todos los niños que asistían a la escuela o alguna otra actividad, ya habían regresado a la casa. Cristal y Fina intentaban permanecer invisibles ante todos pero sobre todo el chico que las molestaba, desafortunadamente el chico grosero logró encontrarlas y comenzó a molestarlas.

"¡Guácala! ¿Qué es esa grasa que tienen en sus cabezas?" se rio, señalando y animando a sus amigos a burlarse de ellas también.

"Al menos nosotras tenemos cabello," dijo Cristal tratando de ser valiente.

Cuando una de las trabajadoras a cargo de esa noche vio el argumento entre las niñas y el chico, ella inmediatamente dijo, "Niñas! Vayan al otro lado del salón, y dejen de hablar con los niños. Aquí tenemos reglas, las niñas a un lado y los niños al otro, nada de conversaciones."

Fina empezaba a decir algo, pero Cristal la calló con una mirada, recordando que Pati les había pedido portarse bien y no causar problemas.

Para la cena, les sirvieron un plato con un taco frío, arroz y frijoles y una taza de jugo aguado para bebés. Mientras las niñas comían, una de las trabajadoras les dijo que ese día les tocaría limpiar la cocina y el comedor. Recogieron los platos, los lavaron, y limpiaron las mesas. Luego barrieron debajo de las mesas y sacaron la basura. Mientras caminaban para afuera las dos niñas se susurraron una a la otra.

"¿Por qué la pastora no ha venido?" preguntó Fina.

"Probablemente lo olvidó. No podemos contar con alguien más. Tú lo sabes." le dijo Crystal con algo de nostalgia

Fina sin perder la esperanza dijo, "Si, pero ella lo prometió."

"Muchos adultos hacen promesas y no siempre las cumplen."

"¿Cuándo iremos a casa?" dijo Fina con ganas de llorar.

"Tal vez nunca," dijo Cristal con un poco de enojo. No hables con nadie, especialmente al chico grande. Él está esperando causarnos un problema."

"¡Apúrense, chicas!" el chico grande les gritó desde la puerta. "Tienen más trabajo que hacer. Vengan a trapear el piso, y luego limpian el baño de la cocina."

"Nadie mencionó que también tendríamos que hacer eso," dijo Fina, olvidando lo que Cristal le acababa de decir.

"Yo te lo dije, y si no quieres problemas esta noche, mejor entren aquí ahora y pónganse a trabajar."

Las niñas miraron a su alrededor buscando a la señora, pero ella no estaba a la vista.

"Ella no está aquí," sonrió el chico. "Ahorita ella tiene su descanso para fumar, así que yo estoy a cargo."

Sabiendo que no tenían otra salida, Cristal entró en la pequeña área de almacenamiento para conseguir una cubeta para trapear, y no se dio cuenta de que el chico la había seguido, y le había bloqueado su camino.

"Por supuesto, que yo podría trapear el piso por ti a cambio de un pequeño beso." El chico se acercó más, empujándose contra Cristal y presionándola contra el armario.

"Déjame," dijo Cristal en su voz más fuerte y directa. "Aléjate de nosotras."

El niño rió cuando Fina intentó defender a su hermana, y se presionó más fuerte contra Cristal, pero cuando su rostro se alineó con el de Cristal, escucharon a la señora llamar a las niñas.

"Cristal, Fina, ¡a la sala ahora!"

Cristal y Fina corrieron hacia la sala, listas para hacer cualquier cosa con tal de evitar al chico grande, pero para su gran sorpresa, la pastora Pati había ido a visitarlas. Ambas la abrazaron fuertemente, no queriendo dejarla ir.

"Vámonos, niñas, nos vamos de aquí ahora mismo ¿Tienen algo aquí que necesiten llevarse?"

"Nada," respondieron al mismo tiempo. Y dejaron atrás otro horror.

"Gracias," susurró Cristal a nadie en particular.

Capítulo 33

UN HOGAR NUEVO

CRISTAL y Fina pensaron que se iban a su casa. Se sorprendieron cuando el carro se detuvo frente a una casa desconocida. ¿Habían sido engañadas?

"Podemos caminar desde aquí, sé dónde queda nuestra casa," dijo Cristal rápidamente abriendo su puerta. "Gracias por el viaje."

"No, Cristal, ¡lo siento! No les expliqué cuando las recogí. Se van a quedar con nosotros un tiempo, hasta que tu mamá pueda poner en orden su vida y esté lista venir por ustedes," la pastora dijo sonriendo.

"Oh," dijo Cristal sorprendida, "no se preocupen por nosotras, estamos bien. Sabemos cuidarnos, gracias."

"Ese no es el trato, mija," dijo Pati. "Le prometimos al DIF que cuidaríamos de ti y de Fina. Solo así pudimos sacarlas de la casa a donde estaban, ustedes necesitan quedarse aquí."

Cristal estaba confundida. Ella siempre se había cuidado sola incluso cuidaba a Fina.

"Vamos, entren, y cenemos algo y hablemos de lo que está pasando, y de algunos planes que tenemos" dijo la pastora. "Vengan, les quiero mostrar la casa, especialmente su cama y después me ayudan a poner la mesa."

Las dos niñas entraron tímidamente adentro. Solo observaron cómo la pastora les mostraba su cama para compartir y dónde estaba el baño, ¡un baño adentro! pensaron las dos. Pati, sacó algunos platos y comenzó a calentar el arroz, los frijoles y los pocos tamales que le quedaban de sus ventas. Ella las invitó a sentarse, mientras el pastor entraba con una gran botella de Fanta sabor naranja.

Todos se sentaron y se tomaron las manos alrededor de la mesa mientras el pastor oraba, "Padre, gracias por traer a estas niñas de regreso. Sabemos que tienen una mamá y una casa. Muéstranos cómo podemos ayudarlas a tener un hogar lleno de amor con una mamá cariñosa. Gracias por esta comida. Gracias por los hermanos de la iglesia que nos apoyan. Bendice a Toño, y muéstranos cómo ayudarlo también. Te pedimos que cuides de Iván, dondequiera que se encuentre. Damos gracias por Jairo. Bendícelo por ser un buen ejemplo e intentar ayudar a Iván. Ayuda a Cristal y a Fina a sentirse queridas y bienvenidas en nuestra casa. Amén."

Pati le sirvió la comida y las niñas empezaron a comer timidamente. Poco a poco el hambre tomó control y comieron casi todo.

Pero de repente Cristal protestó, "Yo no quiero ayudar a Toño. El es peligroso. ¿Por qué oró usted que Dios nos ayude a ayudar a Toño?"

"Sabemos que ha hecho algunas cosas malas," dijo el pastor Miguel," pero aún así queremos ayudarlo si podemos."

"No!" gritó Cristal y salió corriendo por la puerta. No sabía a dónde iría, pero ella no iba a estar cerca de Toño o cualquier otro chico malo una vez más. Mientras ella corría, ella escuchaba a alguien llamándole por su nombre, pero ella solo corría más rápido. Dio la vuelta en la esquina de la tienda y vio a Daniel y a su hermanito jugando frente a su casa.

"Cristal," Araceli la llamó. "Ven aquí. ¿Dónde está tu hermana?"

Cristal finalmente dejó de correr, bajo la cabeza, y dijo, "Está con la pastora Pati."

"¿Qué pasó, mija? ¿Todo bien? ¿Quieres venir y leer conmigo?" preguntó Araceli viendo la cara alterada de Cristal. "Siento no haber estado en casa para reunirme contigo como te lo había prometido. Memo se enfermó y estuvo en el hospital toda la semana. Tuvimos días y horarios muy complicados, pero ven conmigo y te leo un libro."

La voz de Araceli se escuchaba linda, amigable, y bondadosa y en algún momento se preguntó ¿Por qué huía Daniel aquel día? En unos minutos, el pastor la alcanzó, y Cristal pudo ver a la pastora con Fina venían justo detrás. Cristal sabía que los pastores eran buenas personas y no alcanzaba a entender por qué ella huía tampoco. El pastor se acercó lentamente hacia Cristal diciéndole, "Cristal, Toño no te va a hacer daño otra vez."

Daniel se apresuró entonces y dijo: "Toño no va a lastimar a nadie ahora. Chuy el poli se lo llevó con las esposas. ¡Fue genial!"

"Daniel," dijo Araceli, "¡Las esposas no son geniales!"

"Ya sé, mamá, pero fue genial cómo justo cuando Toño estaba a punto de romperme la cabeza llegó Chuy en su moto, lo tiró al suelo, y lo esposó igual como en las películas."

"¿Te encuentras bien, Daniel?" preguntó la pastora. "Escuché que te golpeó muy fuerte." Miró a Araceli y a su esposo mientras preguntaba, preocupada de que podría haber sido peor de lo que le habían dicho.

"El está bien," dijo su papá acariciándole el cabello a Daniel. "Tiene que aprender a ser fuerte ante los bullies, ¿verdad que sí, Daniel? En algún momento él debe hacer guardia en nuestro puesto de las segundas mientras gana dinero para comprar otro patín."

"Qué bueno que esté bien," dijo la pastora, "y Memo también."

"Gracias, pastora," dijo Araceli. "le conté algo a mi esposo de como va cambiando la iglesia y le interesa el equipo de fútbol."

"Vamos niñas, veamos si podemos vencer a estos muchachos," dijo Papá. "Chuy dice que tendrá un equipo fuerte de niñas."

Los niños corrieron a jugar, y Araceli habló un poco más con los pastores.

"¿Cómo creen que les vaya con las niñas?" preguntó.

"Bueno, no están acostumbradas a que nadie se preocupe por ellas, se han criado ellas mismas. Por ahora están un poco nerviosas y ansiosas, especialmente Cristal. Todavía no estamos seguros qué hacer con la escuela. Me temo que ponerlas en la escuela en este momento sería un desastre. Tal vez para Fina está bien pero Cristal no sabe casi nada. No quiero que los niños de su edad se burlen de ella."

"Yo puedo ayudar a Cristal con las letras y lectura. Se lo prometí antes de que Memo se enfermara. Fina y Memo pueden jugar mientras Daniel practica sus operaciones matemáticas."

"Sería de gran ayuda. ¿Crees que podría dejarlas aquí en la mañana cuando vaya a mi puesto?"

"Claro que sí. No hay cuidado. Así puedo conocerlas mejor y usted se acostumbre otra vez a ser madre de unas chiquillas."

"Gracias! Ya me voy, necesito tener mis tamales listos para mañana. ¿Las niñas podrían quedarse a jugar un rato más?"

"¡Sí, Pastora! Gracias por todo lo que has hecho, no solamente por estas niñas, sino también por Daniel y Memo. Creo que Daniel está empezando a entender un poco más y está valorando un poco más a su familia," dijo Araceli.

El pastor Miguel se unió al juego para ayudar a Daniel y a Memo a defenderse contra su papá y las niñas. El partido de fútbol duró hasta el anochecer cuando la luz del sol los obligó a regresar a sus casas. Araceli llamó a todos a entrar por un vaso de limonada.

Cristal y Fina corrieron hacia ella. "Gracias," dijo Cristal. "Gracias," dijo, mirando para arriba, pensando en un Dios que estaba empezando a conocer.

Capítulo 34

UN AÑO DESPUÉS

Las niñas se quedaron con Miguel y Pati durante todo el año. Pudieron ingresar a la escuela al comienzo del año escolar y superaron su falta de asistencia. Ya estaban en el salón apropiado para su edad gracias a la ayuda de Araceli y las otras mamás de la colonia. La mamá de Chuy y Jairo se ocuparon de Iván. Jairo le ofreció un cuarto para vivir permanentemente, y la mamá de Chuy le ayudó con la lectura. Los domingos Jairo lo llevaba a pasar el día con sus hermanas en la casa de los pastores.

Rubí necesitaba más ayuda de lo que la pequeña comunidad podía proporcionar. Ella pasó algún tiempo en un centro de rehabilitación del gobierno para evitar ir a la cárcel por causa de las drogas. Ella no podía mantenerse limpia de drogas por mucho tiempo. Dejaba de usar drogas por un corto tiempo y después recaía en las drogas. La pastora Pati encontró un rancho de rehabilitación cristiana. Los pastores trataron de convencer a Rubí de que intenara, pero Rubí no accedía. En sus días buenos, visitaba a las niñas tratando de mantener una buena relación con ellas. A las niñas les resultaba más difícil mostrar afecto hacia su mamá porque ella nunca se los demostraba y era muy inconsciente con sus afectos. Las dos, se mantenían respetuosas pero distantes.

Toño permaneció en el tribunal durante seis meses. Regresó a la colonia y se quedaba con su mamá ayudándola a reparar la casa. Rara vez salía, pero entrenaba perros para el programa canino de la policía. El pastor Miguel y Chuy lo visitaban cada semana igual como lo hicieron mientras estuvo en la cárcel. Estudiaron la Biblia juntos y le animaron a visitar a su papá que todavía estaba encarcelado. Su papá había perdido su trabajo por conducir ebrio un camión de la empresa. Una bendición era que su mamá comenzó a asistir a la iglesia del pastor Miguel.

Daniel aprendió sus operaciones matemáticas y se convirtió en un gran vendedor en las segundas. Ayudaba a su papá cada sábado. Memo continuaba teniendo problemas respiratorias cada vez que las nubes de tierra giraban por el vecindario. La diferencia era que si tenían que llevarlo a Urgencias, ahora la familia podría llamar a la familia de la iglesia para ayudar con Daniel. La vida continuaba siendo dura, pero estaban aprendiendo que era más fácil trabajar juntos y ayudarse mutuamente.

En la iglesia, un domingo por la mañana, mientras el papá de Aurora tocaba una guitarra acústica, y todos cantaban algunas de sus canciones de alabanza favoritas, Toño entró en la pequeña iglesia y se sentó junto a su mamá. Daniel, Memo, e Iván se habían sentado juntos con Jairo y la familia de Chuy. Cristal y Fina estaban sentadas con Aida y Aurora. Algunas mamás estaban en el comedor preparando las actividades y bocadillos para los niños. En cuanto la canción terminó, la pastora Pati daba la bienvenida a todos y le dio la palabra al pastor Miguel. Dio un paso al frente. No usaba micrófono y no les gritaba. Solo habló con su rebaño como ya era costumbre.

"Ha pasado un año desde que comenzamos nuestra nueva forma de trabajar en nuestra iglesia. Tuvimos algunos éxitos y algunas tristezas, pero en general creo que hicimos una diferencia entre la comunidad y en cada una de nuestras familias. Me gustaría hacer un cambio en el nombre de nuestra iglesia Torre de Fe. Quisiera que cada uno de ustedes se den cuenta que nuestra iglesia no se trata de un edificio sino de construir personas y construir familias. En lugar de ser una torre, me gustaría cambiar nuestro nombre a Familia de Fe. ¿Puede alguien ayudarme a pintar el nuevo nombre en la pared exterior? Gracias, jóvenes. Y como ustedes saben que siempre hay algo que debemos hacer, alguien a quien servir, esta semana necesitamos algo de ayuda para arreglar el techo de Rubí."

Uno por uno se ofrecieron a servir al prójimo. Se hicieron planes para cooperar.

"Otro anuncio es que esta tarde tenemos un reto de fútbol del equipo femenino de la colonia Sausal. Esperamos que todos estemos allí para apoyar a nuestras niñas," dijo Chuy.

Después de los anuncios, leyeron algunos versículos del libro de Hechos del Nuevo Testamento sobre la iglesia primitiva cuando todos trabajaban juntos y compartían todo. "Todos los días se reunían en el templo y en los hogares, compartían los alimentos con regocijo y sencillez de corazón y alababan a Dios. Hechos 2:46" Compartir no siempre significaba compartir recursos materiales. A veces, esto significaba sacrificar tiempo para pasarlo con otra persona o compartir habilidades como reparar un carro o habilidades de lectura para ayudar a un niño. Pero cada uno tenía algo que dar, y a cada uno Dios le dio una habilidad para poder ayudar a alguien.

Después de la iglesia cuando las chicas estaban congregando para salir a su juego de fútbol, una camioneta de gringos se detuvo en un lote vacío al final de la calle de la iglesia. Se bajaron y caminaron por la calle observando a la gente mientras la traductora les contaba sobre el vecindario. Se detuvo cuando vio a Cristal y a Fina con sus amigas todas vestidas en sus uniformes de fútbol. "¿Quieren contarles su historia?" ella les preguntó. Y así lo hicieron.

About the Author

Marion Surles ha dedicado su vida al enlace de dos culturas. Como maestra de español e inglés de todas las edades, ella ha intentado cultivar un amor y el aprecio de las dos culturas. "Hay tanto que valorar de las dos y debemos apreciar lo que cada uno aporta." Durante sus vacaciones, Marion viaja de misionera a varios países, últimamente a Ciudad Juarez, México, donde fundó la "escuelita" animando a los niños a leer. Su misión de Love and Literacy provee actividades y libros en español para los niños del vecindario Jose Suleiman. Sígale en su página de Facebook: Love and Literacy. La compra de este libro ayuda a comprar más libros para los niños.